全椒古代典籍叢書

吴敬梓集

4

（清）吴敬梓 撰

政協全椒縣委員會 編
國家圖書館出版社

第四册目録

儒林外史五十六回（第四十二至五十二回）

（清）吴敬梓 撰

清嘉慶八年（1803）卧閑草堂刻本

儒林外史第四十二回

公子妓院說科場　家人苗疆報信息

話說兩个婊子纔進房門王義安向洗手的那个人道六老爺你請過來看看這兩位新姑娘兩个婊子擡頭看那人時頭戴一頂破頭巾身穿一件油透的元色綢直綴脚底下穿了一雙舊尖頭靴一副大黑麻臉兩隻的溜骨碌的眼睛洗起手來自已把兩个袖子只管往上勒又不像文又不像武那六老爺從厨房裡走出來

兩个婊子上前叫聲六老爺歪着頭扭着屁股一隻手扯着衣服衿在六老爺跟前行个禮那六老爺雙手拉着道好我的乖乖姐姐你一到這裡就認得湯六老爺就是你的造化了王義安道六老爺說的是姑娘們到這里全靠六老爺照顧請六老爺坐拿茶來敬六老爺湯六老爺坐在一張板櫈上把兩个姑娘拉着一邊一个同在板櫈上坐着自已扯開褲腳子拿出那一雙黑油油的肥腿來搭在細姑娘腿上把細

姑娘雪白的手拿過來摸他的黑腿吃過了茶拿出一袋子檳榔來放在嘴裡亂嚼嚼的滓滓渣渣淌出來滿鬍子滿嘴唇左邊一擦右邊一偎都偎擦兩个姑娘的臉巴子上姑娘們拿出汗巾子來指他又奪過去擦夾肢窩王義安纔接過茶杯站着問道大老爺這些時邊上可有信來湯六老爺道怎麽没有前日還打發人來在南京做了二十首大紅緞子繡龍的旗一首大黄緞子的坐纛說是這一个月就要進京到

九月霜降祭旗萬歲爺做大將軍我家大老爺做副將軍兩人竝排在一个氊條上站着磕頭磕過了頭就做總督正說着撈毛的叫了王義安出去悄悄說了一會話王義安進來道六老爺在上方纔有个外京客要來會會細姑娘看見六老爺在這裡不敢進來六老爺道這何妨請他進來不是我就同他吃酒當下王義安領了那人進來一个少年生意人那嫖客進來坐下王義安就叫他稱出幾錢銀子來買了一盤

子驢肉一盤子煎魚十來篩酒因湯六老爺是教門人買了二三十个雞蛋煮了出來點上一个燈掛六老爺首席那嫖客對坐六老爺叫細姑娘同那嫖客一板櫈坐細姑娘撒嬌撒癡定要同六老爺坐四人坐定斟上酒來六老爺要猜拳輸家吃酒贏家唱六老爺贏了一拳自已啞着喉嚨唱了一个寄生草便是細姑娘和那嫖客猜細姑娘贏了六老爺叫斟上酒聽細姑娘唱細姑娘别轉臉笑不肯唱六老爺拿快子

在桌上催着敲細姑娘只是笑不肯唱六老爺道我這臉是簾子做的要捲上去就捲上去要放下來就放下來我要細姑娘唱一个偏要你唱王義安又走進來幫着催促細姑娘只得唱了幾句唱完王義安道王老爺來了那巡街的王把總進來見是湯六老爺纔不言語婊子磕了頭一同入席吃酒又添了五六觔直到四更時分大老爺府裡小狗子拿着都督府的燈籠說府裏請六爺六老爺同王老爺方纔去了嫖

客進了房端水的來要水錢撈毛的來要花錢
又鬧了一會嫖子又通頭洗臉刷屁股比及上
床已雞叫了次日六老爺絕早來說要在這裡
擺酒替兩位公子餞行往南京恭喜去王義安
聽見湯大老爺府裏兩位公子來喜從天降忙
問六老爺是卽刻就來是晚上纔來六老爺在
腰裏摸出一封低銀子稱稱五錢六分重遞與
王義安叫去備一个七簋兩點的席若是辦不
來再到我這裡找王義安道不敢不敢只要六

老爺別的事上多挑他姐兒們幾回就是了這一席酒我們効六老爺的勞何況又是請府裏大爺二爺的六老爺道我的乖乖這就是在行的話了只要你這姐兒們有福若和大爺二爺相厚起來他府裏差甚麼黃的是金白的是銀圓的是珍珠放光的是寶我們大爺二爺你只要我得着性情就是撈毛的燒火的他也大把的銀子攝出來賞你們李四在旁聽了也着寔高興吩咐已畢六老爺去了這裡七手八脚整

治酒席到下午時分六老爺同大爺二爺來頭戴恩蔭巾一个穿大紅灑線直綴一个穿藕台灑線直綴腳下粉底皂靴帶着四个小厮大清天白日提着兩對燈籠一對上寫着都督府一對寫着南京鄉試大爺二爺進來上面坐下兩个婊子雙雙磕了頭六老爺站在旁邊大爺道六哥現成板櫈你坐着不是六老爺道正是要稟過大爺二爺兩个姑娘要賞他一个坐二爺道怎麼不坐叫他坐了兩个婊子輕輕試試扭

頭折頸坐在一條板櫈上拿汗巾子掩着嘴笑大爺問兩个姑娘今年尊庚六老爺代荅道一位十七歲一位十九歲王義安捧上茶來兩个婊子親手接了兩杯茶拿汗巾揩乾了杯子上一轉的水漬走上去奉與大爺二爺大爺二爺接茶在手吃着六老爺問道大爺二爺幾時恭喜起身大爺道只在明日就要走現今主考已是將到京了我們怎還不去六老爺和大爺說着話二爺趂空把細姑娘拉在一條板櫈上坐

着同他捏手捏腳親熱了一回少刻就排上酒來叫的教門廚子備的教門席都是些燕窩鴨子雞魚六老爺自己捧着酒奉大爺二爺上坐六老爺下陪兩个婊子打橫那菜一椀一椀的捧上來六老爺逼手逼腳的坐在底下吃了一會酒六老爺問道大爺二爺這一到京就要進場了初八日五更鼓先點太平府點到我們揚州府怕不要晚大爺道那里就點太平府貢院前先放三个炮把柵欄子開了又放三个炮把

大門開了又放三个炮把龍門開了共放九个大炮二爺道他這个炮還沒有我們老人家轅門的炮大大爺道畧小些也差不多放過了炮至公堂上擺出香案來應天府尹大人戴着襆頭穿着蟒袍行過了禮立起身來把兩把遮陽遮着臉布政司書辦跪請三界伏魔大帝關聖帝君進場來鎮壓請周將軍進場來巡場放開遮陽大人又行過了禮布政司書辦跪請七曲文昌開化梓潼帝君進場來主試請魁星老爺

進場來放光六老爺嚇的吐舌道原來要請這些神道菩薩進來可見是件大事順姑娘道他裏頭有這些菩薩坐着戲大爺二爺好大膽還敢進去若是我們就殺了也不敢進去六老爺正色道我們大爺二爺也是天上的文曲星怎比得你姑娘們大爺道請過了文昌大人朝上又打三恭書辦就跪請各舉子的功德父母六老爺道怎的叫做功德父母二爺道功德父母是人家中過進士做過官的祖宗方才請了進

來若是那考老了的秀才和那百姓請他進來做甚麼呢大爺道每號門前還有一首紅旗底下還有一首黑旗那紅旗底下是給下場人的恩鬼墩着黑旗底下是給下場人的怨鬼墩着到這時候大人上了公座坐了書辦點道恩鬼進怨鬼進兩邊齊燒紙錢只見一陣陰風颯颯颯的响滚了進來跟着燒的紙錢滚到紅旗黑旗底下去了順姑娘道阿彌陀佛可見人要做好人到這時候就見出分曉來了六老爺道像我

們大老爺在邊上積了多少功德活了多少人命那恩鬼也不知是多少哩一枝紅旗那裏救得下大爺道幸虧六哥不進場若是六哥要進場生生的就要給怨鬼拉了去六老爺道這是怎的大爺道像前科我宜興嚴世兄是个飽學秀才在場裏做完七篇文章高聲朗誦忽然一陣微微的風把蠟燭頭吹的亂搖掀開簾子伸進一个頭來嚴世兄定睛一看就是他相與的一个婊子嚴世兄道你已經死了怎麼來在這

裏那婊子望着他嘻嘻的笑嚴世兄急了把號板一拍那硯臺就翻過來連黑墨都倒在卷子上把卷子黑了一大塊婊子就不見了嚴世兄歎息道也是我命該如此可憐下着大雨就交了卷冒着雨出來在下處害了三天病我去看他他告訴我如此我說你當初不知怎樣作踐了這人他所以來尋你六哥你生平作踐了多少人你說這大場進得進不得兩个姑娘拍手笑道六老爺好作踐的是　他若進場我兩

个人就是他的怨鬼吃了一會六老爺啞着喉嚨唱了一个小曲大爺二爺拍着腿也唱了一个婊子唱是不消說鬧到三更鼓打着燈籠回去了次日叫了一隻大船上南京六老爺也送上船回去了大爺二爺在船上閒談着進場的熱鬧處二爺道今年該是个甚麽表題大爺道我猜沒有别的去年老人家在貴州征服了一洞苗子一定是這个表題二爺道這表題要在貴州出大爺道如此只得求賢免錢粮兩个題

其餘沒有了一路說着就到了南京管家尤鬍子接着把行李搬到釣魚巷住下大爺二爺走進了門轉過二層廳後一个旁門進去却是三間倒坐的河廳收拾的到也清爽兩人坐定看見河對面一帶河房也有硃紅的欄干也有緑油的窗槅也有斑竹的簾子裏面都下着各處。的秀才在那裡哼哼唧唧的念文章大爺二爺才住下便催着尤鬍子去買兩頂新方巾考籃句銅銚句號頂句門簾句火爐句燭臺句燭剪句卷袋句每樣兩件趕着到鷲峯寺寫卷頭句交卷句又料理場食句月餅句蜜橙糕句蓮米句圓眼肉句人參句炒米句醬瓜句生薑句板鴨句大爺又和二爺說把貴州帶來的阿魏帶些進去恐怕在裏頭寫錯了字着急足足料理了一天纔得停妥大爺二爺又自己細細一件件的查點說道功名事大不可草草到初八早上把這兩頂舊頭巾叫兩个小子帶在頭上抱着籃子到貢院前伺候一路打從淮清橋過那

趕搶攤的擺着紅紅綠綠的封面都是蕭金鉉
諸葛天申季恬逸匡超人馬純上蘧銑夫選的
時文一直等到晚儀徵學的秀才點完了才點
他們進了頭門那兩个小廝到底不得進去大
爺二爺自己抱着籃子背着行李看見兩邊蘆
柴堆火光一直亮到天上大爺二爺坐在地下
解懷脫腳聽見裏面高聲喊道仔細搜撿大爺
二爺跟了這些人進去到二門口接卷進龍門
歸號初十日出來累倒了每人吃了一隻鴨子

眠了一天三場已畢到十六日叫小厮拿了一个都督府的溷子溷了一班戲子來謝神少刻看茶的到了他是教門自已有辦席的厨子不用外僱戲班子發了箱來跟着一个拿燈籠的拿着十幾个燈籠寫著三元班隨後一个人後面帶着一个二漢手裏拿着一个拜匣到了寓處門首向管家說了傳將進去大爺打開一看原來是个手本寫着門下鮑廷璽謹具喜燭雙輝梨園一部叩賀大爺知道他是个領班子的

叫了進來鮑廷璽見過了大爺二爺說道門下在這裡領了一个小班專伺候諸位老爺昨日聽見兩位老爺要戲故此特來伺候大爺見他爲人有趣畱他一同坐着吃飯過了一回戲子來了就在那河廳上面供了文昌帝君關夫子的紙馬兩人磕過頭祭獻已畢大爺二爺鮑廷璽共三人坐了一席鑼鼓响處開場唱了四齣嘗湯戲天色已晚點起十幾副明角燈來照耀的滿堂雪亮足足唱到三更鼓整本已完鮑廷

璽道門下這幾个小孩子跑的馬到也還看得叫他跑一齣馬替兩位老爺醒酒那小戲子一个个戴了貂裘簪了雉羽穿極新鮮的靠子跑上場來串了一个五花八門大爺二爺看了大喜鮑廷璽道兩位老爺若不見棄這孩子裏面揀兩个留在這裡伺候大爺道他們這樣小孩子曉得伺候甚麼東西有别的好頑的去處帶我去走走鮑廷璽道這个容易老爺這對河就是葛來官家他也是我掛名的徒弟那年天長

杜十七老爺在這裏湖亭大會都是考過榜上有名的老爺明日到水磯巷看着外科周先生的招牌對門一个黑搶籬裏就是他家了二爺道他家可有內眷我也一同去走走鮑廷璽道現放着偌大的十二樓二老爺爲甚麽不去頑耍倒要到他家去少不得都是門下來奉陪說畢戲已完了鮑廷璽辭別去了次日大爺備了八把點銅壺兩瓶山羊血四端苗金六簍貢茶叫人挑着一直來到葛來官家敲開了門一个

大腳三帶了進去前面一進兩破三的廳上頭左邊一个門一條小巷子進去河房倒在貼後那葛來官身穿着夾紗的玉色長衫子手裡拿着燕翎扇一雙十指尖尖的手凭在欄杆上乘涼看見大爺進來說道請坐老爺是那裡來的大爺道昨日鮑師父說來官你家最好看水今日特來望望你還有幾色菲人事你權且收下家人挑了進來來官看了喜逐顏開說道怎麽領老爺這些東西忙叫大腳三收了進去你向

相公娘說擺酒出來大爺道我是教門不用大葷來官道有新買的極大的揚州螃蠏不知老爺用不用大爺道這是我們本地的東西我是最歡喜我家伯伯大老爺在高要帶了家信來想的要不的也不得一隻吃吃來官道太老爺是朝裏出仕的大爺道我家太老爺做着貴州的都督府我是回來下場的說着擺上酒來對着那河裏煙霧迷離兩岸人家都點上了燈火行船的人往來不絕這葛來官吃了幾杯酒紅

紅的臉在燈燭影裡擎着那纖纖玉手只管勸湯大爺吃酒大爺道我酒是够了倒用杯茶罷葛來官叫那大脚三把螃蠏殼同菓碟都收了去揩了桌子拿出一把紫砂壺烹了一壺梅片茶兩人正吃到好處忽聽見門外嚷成一片葛來官走出大門只見那外科周先生紅着臉拱着肚子在那裡嚷大脚三說他倒了他家一門戶的螃蠏殼子葛來官才待上前和他講說被他劈面一頓臭罵道你家住的是海市蜃樓合

該把螃蟹殼倒在你門口爲甚麽送在我家來
難道你上頭兩隻眼睛也撑大了彼此吵閙還
是湯家的管家勸了進去剛才坐下那尤鬍子
慌忙跑了進來道小的那里不找尋大爺却在
這裡大爺道你爲甚事這樣慌張尤鬍子道二
爺同那个姓鮑的走到東花園鷲峯寺旁邊一
个人家吃茶被幾个喇子圍着把衣服都剝掉
了那姓鮑的嚇的老早走了二爺關在他家不
得出來急得要死那間壼一个賣花的姚奶奶

說是他家姑老太把住了門那里溜得脫大爺聽了慌呌在寓處取了燈籠來照着走到鷲峯寺間壁那裏幾個喇子說我們好些時沒有大紅日子過了不打他的臙水還打那个湯大爺雄赳赳的分開衆人推開姚奶奶一拳打掉了門那二爺看見他哥來兩步做一步溜出來了那些喇子還待要攔住他看見大爺雄赳赳的又打着都督府的燈籠也就不敢惹他各自都散了兩人回到下處過了二十多天貢院前藍

畢取進墨漿去知道就要揭曉過了兩日放出榜來第兄兩个都沒中坐在下處足足氣了七八天領出落卷來湯由三本湯實三本都三篇不曾看完兩个人跳着大罵簾官主考不通正罵的興頭貴州總門的家人到了遞上家信來兩人拆開來看只因這一番有分教桂林杏苑空成魂夢之遊虎鬬龍爭又見戰征之事畢竟後事如何且聽下回分解

儒林外史第四十三回

野羊塘將軍大戰　歌舞地酋長刼營

話說湯大爺湯二爺領出落卷來正在寓處看了氣惱只見家人從貴州鎮遠府來遞上家信兩人折開同看上寫道生苗近日頗有蠢動之意爾等於發榜後無論中與不中且來鎮署要緊大爺看遍向二爺道老人家叫我們到衙門裏去我們且回儀徵收拾收拾再打算長行當下喚尤鬍子叫了船算還了房錢大爺二爺坐

了轎小厮們押着行李出漢西門上船葛來官
聽見買了兩隻板鴨幾樣茶食到船上送行大
爺又悄悄送了他一个荷包裝着四兩銀子相
別去了當晚開船次早到家大爺二爺先上岸
回家纔洗了臉坐下吃茶門上人進來說六爺
來了只見六老爺後面帶着一个人走了進來
一見面就說道聽見我們老爺出兵征勦苗子
把苗子平定了明年朝廷必定開科大爺二爺
一齊中了我們老爺封了侯那一品的蔭襲料

想大爺二爺也不稀罕就求大爺賞了我等我戴了紗帽給細姑娘看看也好叫他怕我三分大爺道六哥你掙一頂紗帽單單去嚇細姑娘又不如去把這紗帽賞與王義安了二爺道你們只管說話這个人是那里來的那人上來磕頭請安懷裡拿出一封書子來遞上來六老爺道他姓臧名喚臧岐天長縣人這書是杜少卿哥寄來的說臧岐為人甚妥帖薦來給大爺二爺使喚二爺把信折開同大爺看前頭寫着些

請問老伯安好的話後面說到臧岐一向在貴州做長隨貴州的山僻小路他都認得其人頗可以供使令等語大爺看過向二爺說道杜世兄我們也許久不會他了既是他薦來的人留下使喚便了臧四磕頭謝了下去門上人進來稟王漢策老爺到了在廳上要會大爺道老二我同六哥吃飯你去會會他罷二爺出去會客大爺叫擺飯同六老爺吃吃着二爺送了客回來大爺問道他來說甚麼二爺道他說他東家

萬雪齋有兩船鹽也就在這兩日開江托吾們在路上照應照應二爺已一同吃飯吃完了飯六老爺道我今日且去着明日再來送行又道二爺若是得空還到細姑娘那裡瞧瞧他去我先去叫他那里等着大爺道六哥你就是個討債鬼纏死了人今日還那得工夫去看那騷婊子六老爺笑着去了次日行裏寫了一隻大江船尤鬍子藏四同幾个小厮搬行李上船門槍旗牌十分熱鬧六老爺送到王泥灘說了幾句

分别的話纔叫一个小船蕩了回去這里放炮開船一直往上江進發這日將到大姑塘風色大作大爺吩咐急急收了口子灣了船那江裏白頭浪茫茫一片就如煎塩疊雪的一般只見兩隻大塩船被風橫掃了抵在岸邊便有兩百隻小撥船岸上來了兩百个兇神也似的人齊聲叫道塩船擱了淺了我們快帮他去起撥那些人駕了小船跳在塩船上不由分說把他艙裏的子兒塩一包一包的儘興搬到小船上那

兩百隻小船都裝滿了一个人一把槳如飛的棹起來都穿入那小港中無影無踪的去了那船上管船的舵工押船的朝奉面面相覷束手無策望見這邊船上打着貴州總鎮都督府的旗號知道是湯少爺的船都過來跪下哀求道小的們是萬老爺家兩號鹽船被這些强盜生生打劫了是二位老爺眼見的求老爺做主搭救大爺同二爺道我們同你家老爺雖是鄉親但這失賊的事該地方官管你們須是到地方

官衙門遞呈紙去朝奉們無法只得依言具了呈紙到彭澤縣去告那知縣接了呈詞即刻陞堂將舵工朝奉水手一干人等都叫進二堂問道你們塩船為何不開行停泊在本縣地方上是何緣故那些搶塩的姓甚名誰平日認得不認得舵工道小的們的船被風掃到岸邊那港裡有兩百隻小船幾百个凶神硬把小的船上塩包都搬了去了知縣聽了大怒道本縣法令嚴明地方清肅那裡有這等事分明是你這奴

才攬載了商人的塩斤在路夥着押船的家人任意嫖賭花消沿途偷賣了借此爲由希圖抵賴你到了本縣案下還不實說麼不由分說撒下一把籤來兩邊如狠如虎的公人把舵工拖翻二十毛板打的皮開肉綻又指着押船的朝奉道你一定是知情夥賴快快向我實說說着那手又去摩着籤筒可憐這朝奉是花月叢中長大的近年有了幾莖鬍子主人纔差他出來押船嬌皮嫩肉何曾見過這樣官刑今番見了

屁滾尿流憑着官叫他說甚麽就是甚麽那裡還敢頂一句當下磕頭如搗蒜只求饒命知縣又把水手們嚷罵一番要將一干人寄監明日再審朝奉慌了急急叫了一个水手托他到湯少爺船上求他說人情湯大爺叫臧岐拿了帖子上來拜上知縣說萬家的家人原是自不小心失去的鹽斤也還有限老爺已經責處過管船的叫他下次小心寬恕他們罷知縣聽了這話叫臧岐原帖拜上二位少爺說曉得遵命了

又坐堂叫齊一干人等在面前說道本該將你們解回江都縣照數追賠這是本縣開恩恕你初犯扯个淡一齊趕了出來朝奉帶着舵工到湯少爺船上磕頭謝了說情的恩捻着鼻子回船去了次日風定開船又行了幾程大爺二爺由水登陸到了鎮遠府打發尤鬍子先往衙門通報大爺二爺隨後進署這日正陪着客請的就是鎮遠府太守這太守姓雷名驥字康錫進士出身年紀六十多歲是个老科目大興縣人

由部郎陞了出來在鎮遠有五六年苗情最爲熟習雷太守在湯鎮臺西廳上吃過了飯拿上茶來吃着談到苗子的事雷太守道我們這里生苗熟苗兩種那熟苗是最怕王法的從來也不敢多事只有生苗容易會鬧起來那大石崖金狗洞一帶的苗子尤其可惡前日長官司田德禀了上來說生員馮君瑞被金狗洞苗子別莊燕捉去不肯放還若是要他放還須送他五百兩銀子做贖身的身價大老爺你議議這件

事該怎麼一个辦法湯鎮臺道馮君瑞是我內地生員關系朝廷體統他如何敢拿了去要起贖身的價銀來目無王法已極此事並沒有第二議惟有帶了兵馬到他洞裡把逆苗盡行勦滅了捉回馮君瑞交與地方官究出起釁情由再行治罪舍此還有別的甚麼辦法雷太守道大老爺此議原是正辦但是何苦為了馮君瑞一个人興師動衆愚見不如檄委田土司到洞裡宣諭苗酋叫他好好送出馮君瑞這事也就

可以罷了湯鎮臺道太老爺你這話就差了譬如田土司到洞裡去那逆苗又把他留下要一千兩銀子取贖甚而太老爺親自去宣諭他又把太老爺留下要一萬銀子取贖這事將如何辦法況且朝廷每年費百十萬錢糧養活這些兵丁將備所司何事既然怕興師動衆不如不養活這些閒人了幾句就同雷太守說僵了雷太守道也罷我們將此事叙一个簡明的稟帖稟明上臺看上臺如何批下來我們遵照辦理

就是了當下雷太守道了多謝辭別回署去了這里放炮封門湯鎮臺進來兩个乃郎請安叩見了臧四也磕了頭問了些家鄉的話各自安息過了幾日總督把稟帖批下來仰該鎮帶領兵馬勦滅逆苗以彰法紀餘如稟速行繳這湯鎮臺接了批稟即刻差人把府裏兵房書辦叫了來関在書房裡那書辦嚇了一跳不知甚麽緣故到晚將三更時分湯鎮臺到書房裏來會那書辦手下人都叫迴避了湯鎮臺拿出五十

兩一定大銀放在桌上說道先生你請收下我約你來不爲别的只爲買你一个字那書辦嚇的戰抖抖的說道大老爺有何吩咐處只管叫書辦怎麼樣辦書辦死也不敢受太老爺的賞湯鎮臺道不是這樣說我也不肯連累你明日上頭有行文到府裏叫我出兵時府裡知會過來你只將帶領兵馬四个字寫作多帶兵馬我這元寶送爲筆資並無别件奉托書辦應允了收了銀子放了他回去又過了幾天府裡會過

來催湯鎮臺出兵那文書上有多帶兵馬字樣那本標三營分防二協都受他調遣各路糧餉俱已齊備看看已是除夕清江銅仁兩協叅將守備稟道晦日用兵兵法所忌湯鎮臺道且不要管他運用之妙在於一心苗子們今日過年正好出其不意攻其無備傳下號令遣清江叅將帶領本協人馬從小石崖穿到鼓樓坡以斷其後路遣銅仁守備帶領本協人馬從石屏山直抵九曲崗以遏其前峰湯鎮臺自領本標人

馬在野羊塘作中軍大隊調撥已定往前進發湯鎮臺道逆苗巢穴正在野羊塘我們若從大路去驚動了他他踞了碉樓以逸待勞我們倒難以刻期取勝因問臧岐道你認得可還有小路穿到他後面臧岐道小的認得從香爐崖扒過山去走鐵溪溪裡抄到後面可近十八里只是溪水寒冷現在有氷難走湯鎮臺道這个不妨號令中軍馬兵穿了油靴步兵穿了鍋子鞋一齊打從這條路上前進且說那苗酋正在洞裡聚

集衆苗子男男女女飲酒作樂過年馮君瑞本是一个好棍又得了苗女爲妻翁婿兩个羅列著許多苗婆穿的花紅柳綠鳴羅擊鼓演唱苗戲忽然一个小卒飛跑了來報道不好了大皇帝發兵來勦已經到了九曲崗了那苗酋嚇得魂不附體忙調兩百苗兵帶了標槍前去抵敵只見又是一个小卒沒命的奔來報道鼓樓坡來了大衆的兵馬不計其數苗酋同馮君瑞正慌張着急忽聽得一聲炮響後邊山頭上火把

齊明喊殺連天從空而下那苗酋領着苗兵搶命混戰怎當得湯總鎮的兵馬長槍大戟直殺到野羊塘苗兵死傷過半苗酋同馮君瑞覓條小路逃往别的苗洞裡去了那里前軍銅仁守備後軍清江參將都會合在野羊塘搜了巢穴將敗殘的苗子盡行殺了苗婆留在軍中執炊爨之役湯總鎮號令三軍就在野羊塘扎下營盤參將守備都到帳房裡來賀捷湯總鎮道二位將軍且不要放心我看賊苗雖敗他巳逃往

別洞必然求了救兵今夜來刼我們的營盤不可不預為防備因問臧岐道此處通那一洞最近臧岐道此處到豎眼洞不足三十里湯鎮臺道我有道理向叅將守備道二位將軍你領了本部人馬伏於石柱橋左右這是苗賊回去必由之總路你等他回去之時聽炮響為號伏兵齊起上前掩殺兩將聽令去了湯總鎮叫把收留的苗婆內中揀會唱歌的都梳好了椎髻穿好了苗錦赤着腳到中軍帳房裏歌舞作樂郤

把兵馬將士都埋伏在山坳裡果然五更天氣苗酋率領着豎眼洞的苗兵帶了苗刀拿了標鎗悄悄渡過石柱橋望見野羊塘中軍帳裡燈燭輝煌正在歌舞一齊吶聲喊撲進帳房不想撲了一个空那些苗婆之外並不見有一个人知道是中了計急急往外跑那山坳裡伏兵齊發喊聲連天苗酋拚命的領着苗兵搶石柱橋來郤不防一聲炮響橋下伏兵齊出幾處奏攏趕殺前來還虧得苗子的脚底板厚不怕巉巗

荆棘就如驚猿脫兎漫山越嶺的逃散了湯總鎮得了大勝檢點這三營兩協人馬無大損傷唱着凱歌回鎮遠府雷太守接着道了恭喜問起苗酋别莊燕以及馮君瑞的下落湯鎮臺道我們連贏了他幾仗他們窮蹙逃命料想這兩个已經自戕溝壑了雷太守道大勢看來自是如此但是上頭問下來這一句話却難以登答明明像个飾詞了當下湯鎮臺不能言語回到衙門兩个少爺接着請了安却爲這件事心裡

十分躊躇一夜也不曾睡着次日將出兵得勝的情節報了上去總督那里又批下來同雷太守的所見竟是一樣專問別莊燕馮君瑞兩名要犯務須刻期拿獲解院以憑題奏等語湯鎮臺着了慌一時無法只見臧岐在旁跪下禀道生苗洞裡路經小的都認得求老爺差小的前去打探得別莊燕現在何處便好設法擒捉他了湯鎮臺大喜賞了他五十兩銀子叫他前去細細打探臧岐領了主命去了八九日回來禀

道小的直去到豎眼洞探得別莊燕因借兵劫營輸了一仗洞裡苗頭稱他惱了而今又投到白蟲洞那里去小的又尋到那里打探聞得馮君瑞也在那里別莊燕只賸了家口十幾个人手下的兵馬全然沒有了又聽見他們設了一計說我們這鎮遠府裡正月十八日鎮溪裡的神道出現滿城人家家家都要閉門躲避他們打算到這一日扮做鬼怪到老爺府裡來打劫報仇老爺須是防範他爲妙湯鎮臺聽了道我

知道了又賞了臧岐羊酒叫他歇息去果然鎮遠有个風俗說正月十八日鐵溪裡龍神嫁妹子那妹子生的醜陋怕人看見差了多少的蝦兵蟹將護衛着他嫁人家都要關了門不許出來張看若見偷着張看被他瞧見了就有疾風暴雨平地水深三尺把人民要淹死無數此風相傳已久到了十七日湯鎮臺將親隨兵丁叫到面前問道你們那一个認得馮君瑞內中有一个高挑子出來跪稟道小的認得湯鎮臺道

好便叫他穿上一件長白布直裰戴上一頂紙糊的極高的墨帽子搽上一臉的石灰妝做地方鬼模樣又叫家丁粧了一班牛頭馬面魔王夜叉極猙獰的怪物吩咐高挑子道你明日看見馮君瑞即便捉住重重有賞布置停當傳令管北門的天未明就開了城門那别莊燕同馮君瑞假扮做一班賽會的各把短刀藏在身邊半夜來到北門看見城門已開即奔到總兵衙門馬號的墻外十幾个人各將兵器拿在手裡

扒過墻來去裡邊月色微明照着一个大空院子正不知從那里進去忽然見墻頭上伏着一个怪物手裡拿着一个糖鑼子噹噹的敲了兩下那一堵墻就像地動一般滑喇的憑空倒了下來幾十條火把齊明跳出幾十个惡鬼手執鋼叉留客住一擁上前這別莊燕同馮君瑞着了這一嚇兩隻脚好像被釘釘住了的地方鬼走上前一鈎鐮鎗勾住馮君瑞喊道拿住馮君瑞了衆人一齊下手把十幾个人都拿了一个

也不曾漏脫拿到二堂湯鎮臺點了數次目解
到府裡雷太守聽見拿獲了賊頭和馮君瑞亦
甚是歡喜即請出王命尙方劍將别莊燕同馮
君瑞梟首示衆其餘苗子都殺了具了本奏進
京去奉上諭湯奏辦理金狗洞匪苗一案率意
輕進糜費錢粮着降三級調用以爲好事貪功
者戒欽此湯鎮臺接着抄報看過歎了一口氣
部文到了新官到任送了印同兩位公子商議
收拾打點回家只因這一番有分教將軍已去

帳大樹之飄零名士高談謀先人之窀穸未知
後事如何且聽下回分解

儒林外史第四十三回

儒林外史第四十四回

湯總鎮成功歸故里　余明經把酒問葬事

話說湯鎮臺同兩位公子商議收拾回家雷太守送了代席四兩銀子帖湯衙庖人備了酒席請湯鎮臺到自己衙署餞行起程之日闔城官員都來送行從水路過常德渡洞庭湖由長江一路回儀徵在路無事問問兩公子平日的學業看看江上的風景不到兩十天已到了紗帽洲打發家人先回家料理迎接六老爺知道了

一直迎到黃泥灘見面請了安弟兄也相見了說說家鄉的事湯鎮臺見他油嘴油舌惱了道我出門三十多年你長成人了怎麽學出這般一个下流氣質後來見他開口就說是稟老爺湯鎮臺怒道你這下流胡說我是你叔父你怎麽叔父不叫稱呼老爺講到兩个公子身上他又叫大爺二爺湯鎮臺大怒道你這匪類更該死了你的兩个兄弟你不教訓照顧他怎麽叫大爺二爺把六老爺罵的垂頭喪氣一路到了

家裏湯鎮臺拜過了祖宗安頓了行李他那做
高達縣知縣的乃兄已是告老在家裡老弟兄
相見彼此歡喜一連吃了幾天的酒湯鎮臺也
不到城裡去也不會官府只在臨河上搆了幾
間別墅左琴右書在裡面讀書教子過了三四
个月看見公子們做的會文心裡不大歡喜說
道這个文章如何得中如今趁我來家須要請
个先生來教訓他們纔好每日躊躕這一件事
那一日門上人進來禀道揚州蕭二相公來拜

湯鎮臺道這是我蕭世兄我曾着還認他不得哩連忙教請進來蕭柏泉進來見禮鎮臺見他美如冠玉衣冠儒雅和他行禮奉坐蕭柏泉道世叔恭喜回府小姪就該來請安因這些時南京翰林侍講高老先生告假回家在揚州過小姪陪了他幾時所以來遲湯鎮臺道世兄恭喜入過學了蕭柏泉道蒙前任大宗師考補博士弟子員這領青衿不爲希罕却喜小姪的文章前三天滿城都傳遍了果然蒙大宗師賞鑒可

見甄拔的不差湯鎮臺見他說話倜儻留他在書房裡吃飯叫兩个公子陪他到下午鎮臺自己出來說要請一位先生替兩个公子講舉業蕭柏泉道小姪近來有个看會文的先生是五河縣人姓余名特字有達是一位明經先生舉業其實好的今年在一个鹽務人家做館他不甚得意世叔若要請先生只有這个先生好世叔寫一聘書着一位世兄同小姪去會過余先生就可以同來每年館穀也不過五六十金

湯鎮臺聽罷大喜留蕭柏泉住了兩夜寫了聘書即命大公子叫了一个草上飛同蕭柏泉到揚州去往河下賣鹽的吳家拜余先生蕭柏泉叫他寫个晚生帖子將來進館再換門生帖大爺說半師半友只好寫个同學晚弟蕭柏泉拗不過只得拿了帖子同到那里門上傳進帖去請到書房裏坐只見那余先生頭帶方巾身穿舊寶藍直裰脚下朱履白淨面皮三綹髭鬚近視眼約有五十多歲的光景出來同二人作揖

坐下余有達道柏泉兄前日往儀徵去幾時回來的蕭柏泉道便是到儀徵去看敝世叔湯大人留住了幾天這位就是湯世兄因在袖裡拿出湯大爺的名帖遞過來余先生接着看了放在桌上說道這个怎麽敢當蕭柏泉就把要請他做先生的話說了一遍道今特來奉拜如蒙台允卽送書金過來余有達笑道老先生大位公子高才我老拙無能豈堪爲一日之長容斟酌再來奉覆罷兩人辭別去了次日余有達到

蕭家來回拜說道柏泉兄昨日的事不能遵命蕭柏泉道這是甚麼緣故余有達笑道他既然要拜我爲師怎麽寫晚弟的帖子拜我可見就非求教之誠這也罷了小弟因有一个故人在無爲州做刺史前日有書來約我我要到那里走走他若帮襯我些須强如坐一年館我也就在這數日內要辭别了東家去湯府這一席柏泉兄竟轉薦了别人罷蕭柏泉不能相强回覆了湯大爺另請别人去了不多幾日余有達果

然辭了主人收拾行李回五河他家就在余家巷進了家門他同胞的兄弟出來接着他這兄弟名持字有重也是五河縣的飽學秀才此時五河縣發了一个姓彭的人家中了幾个進士選了兩个翰林五河縣人眼界小便闔縣人同去奉承他又有一家是徽州人姓方在五河開典當行鹽就冒了籍要同本地人作姻親初時這余家巷的余家還和一个老鄉紳的虞家是世世爲婚姻的這兩家不肯同方家做親後來

這兩家出了幾个沒廉恥不才的人貪圖方家賠贈娶了他家女兒彼此做起親來後來做的多了方家不但沒有分外的賠贈反說這兩家子仰慕他有錢求着他做親所以這兩家不顧祖宗臉面的有兩種人一種是獃子那獃子有八个字的行爲非方不親非彭不友一種是乖子那乖子也有八个字的行爲非方不心非彭不口這話是說那些獃而無恥的人假使五河縣沒有一个冒籍姓方的他就可以不必有親

沒有个中進士三姓彭的他就可以不必有友這樣的人自已覺得勢利透了心其實歆串了皮那些奸滑的心裡想着同方家做親方家又不同他做他郄不肯說出來只是嘴裡扯謊嚇人說彭老先生是我的老師彭三先生把我邀在書房裡說了半天的知心話又說彭四先生在京裏帶書子來給我人聽見他這些話也就常時請他來吃杯酒要他在席上說這些話嚇同席吃酒的人其風俗惡賴如此這余有達余有

重弟兄兩个守着祖宗的家訓閉戶讀書不講
這些隔壁賬的勢利余大先生各府州縣作遊
相與的州縣官也不少但到本縣來總不敢說
因五河人有个牢不可破的見識總說但凡是
个舉人進士就和知州知縣是一个人不管甚
麽情都可以進去說知州知縣就不能不依假
使有人說縣官或者敬那個人的品行或者說
那人是个名士要來相與他就一縣人嘴都笑
歪了就像不曾中過舉的人要想拿帖子去拜

知縣知縣就可以叉着膊子叉出來總是這般
見識余家弟兄兩个品行文章是從古沒有的
因他家不見本縣知縣來拜又同方家不是親
又同彭家不是友所以親友們雖不敢輕他却
也不知道敬重他那日余有重接着哥哥進來
拜見了備酒替哥哥接風細說一年有餘的話
吃過了酒余大先生也不往房裡去在書房裏
老弟兄兩个一床睡了夜裡大先生向二先說
要到無爲州看朋友去二先生道哥哥還在家

裡住些時我要到府裡科考等我考了回來哥哥再去罷余大先生道你不知道我這揚州的館金已是用完了要趕着到無爲州去弄幾兩銀子回來過長夏你科考去不妨家裏有你娘子和弟媳當着家我弟兄兩个原是關着門過日子要我在家添的二先生道哥這番去若是多抽豐得幾十兩銀子回來把父親母親葬了靈柩在家裡這十幾年我們在家都不安大先生道我也是這般想回來就要做這件事又過

了幾日大先生往無爲州去了又過了十多天宗師牌到按臨鳳陽余二先生便束裝往鳳陽租个下處住下這時是四月初八日初九日宗師行香初十日掛牌收詞狀十一日掛牌考鳳陽八屬儒學生員十五日發出生員覆試案來每學取三名覆試余二先生取在裡面十六日進去覆了試十七日發出案來余二先生考在一等第二名在鳳陽一直住到二十四送了宗師起身方才回五河去了大先生來到無爲州

那州尊着實念舊留着住了幾日說道先生我到任未久不能多送你些銀子而今有一件事你說一个情罷我准了你的這人家可以出得四百兩銀子有三个人分先生可以分得一百三十多兩銀子權且拿回家去做了老伯老伯母的大事我將來再為情罷余大先生歡喜謝了州尊出去會了那人那人姓風名影是一件人命牽連的事余大先生替他說過州尊准了出來兌了銀子辭別知州收拾行李回家因走

南京過想起天長杜少卿住在南京利涉橋河
房裡是我表弟何不順便去看看他便進城來
到杜少卿家杜少卿出來接着一見表兄心裏
歡喜行禮坐下說這十幾年闊別的話余大先
生歎道老弟你這些上好的基業可惜棄了你
一个做大老官的人而今賣文爲活怎麼弄的
慣杜少卿道我而今在這里有山川朋友之樂
到也住慣了不瞞表兄說我愚弟也無甚麼嗜
好夫妻們帶着幾个兒子布衣蔬食心裏淡然

那從前的事也追悔不來了說罷奉茶與表兄吃吃過杜少卿自已走進去和娘子商量要辦酒替表兄接風此時杜少卿窮了辦不起思量方要拿東西去當這日是五月初三卻好莊濯江家送了一擔禮來與少卿過節小廝跟了禮拿着拜匣一同走了進來那禮是一尾鰣魚兩隻燒鴨一百个粽子二斤洋糖拜匣裏四兩銀子杜少卿寫回帖叫了多謝收了那小廝去了杜少卿和娘子說這主人做得成了當下又添

了幾樣娘子親自整治酒肴遲衡山武正字住的近杜少卿寫說帖請這兩人來陪表兄二位來到敘了些彼此仰慕的話在河房裡一同吃酒吃酒中間余大先生說起要尋地葬父母的話遲衡山道先生只要地下乾煖無風無蟻得安先人足矣那些發富發貴的話都聽不得余大先生道正是敝邑最重這一件事人家因尋地艱難每每擔誤着先人不能就葬小弟却不曾究心于此道請問二位先生這郭璞之說是

怎麽个源流遲衡山嘆道自家人墓地之宜不設族葬之法不行士君子惑于龍穴沙水之說自心裡要想發達不知已墮於大逆不道余大先生驚道怎生便是大逆不道遲衡山道有一首詩念與先生聽氣散風衝那可居先生埋骨理何如日中尙未逃兵解世上人猶信葬書這是前人弔郭公墓的詩小弟最恨而今術士托於郭璞之說動輒便說這地可發鼎甲可出狀元請教先生狀元官號始於唐朝郭璞晉人何

得知唐有此等官號就先立一法說是个甚麼
樣的地就出這一件東西這可笑的緊若說古
人封拜都在地理上看得出來試問淮陰葬母
行營高厰地而淮陰王侯之貴不免三族之誅
這地是凶是吉更可笑這些俗人說本朝孝陵
乃青田先生所擇之地青田命世大賢敷布兵
農禮樂日不暇給何得有閒工夫做到這一件
事洪武即位之時萬年吉地自有術士辦理與
青田甚麼相干余大先生道先生你這一番議

論眞可謂之發曚振瞶武正字道衡山先生之言一絲不錯前年我這城中有一件奇事說與諸位先生聽余大先生道願聞願聞武正字道便是我這裡下浮橋地方施家巷裡施御史家遲衡山道施御史家的事我也畧聞不知其詳武正字道施御史昆玉二位施二先生說乃兄中了進士他不曾中都是太夫人的地葬的不好只發大房不發二房因養了一个風水先生在家裡終日商議遷坟施御史道已葬久了恐

怕還不得哭着下拜求他他斷然要還那風水又拿話嚇他說若是不還二房不但不做官還要瞎眼他越發慌了托這風水到處尋地家裡養着一个風水外面又相與了多少風水這風水尋着一个地叫那些風水來覆那曉得風水的講究叫做父做子笑子做父笑再沒有一個相同的但尋着一塊地就被人覆了說用不得家裡住的風水急了又獻了一塊地便在那新地左邊買通了一个親戚來說夜裡夢見老太

太鳳冠霞帔指着這地與他看要葬在這裡因這一塊地是老太太自己尋的所以別的風水纔覆不掉便把母親硬遷來葬到遷坟的那日施御史弟兄兩位跪在那裡纔掘開坟看見了棺木坟裡便是一股熱氣直冲出來冲到二先生眼上登時就把兩隻眼瞎了二先生越發信這風水竟是个現在的活神仙能知過去未來之事後來重謝了他好幾百兩銀子余大先生道我們那邊也極喜講究的遷葬少卿這事行

得行不得杜少卿道我還有一句直捷的話這
事朝廷該立一个法子但凡人家要遷葬叫他
到有司衙門遞个呈紙風水具了甘結棺材上
有幾尺水幾斗幾升螘等開了說得不錯就罷
了如說有水有螘挖開了不是即于挖的時候
帶一个劊子手一刀把這奴才的狗頭斫下來
那要遷墳的就依子孫謀殺祖父的律立刻淩
遲處死此風或可少息了余有達遲衡山武正
字三人一齊拍手道說的暢快說的暢快拿大

杯來吃酒又吃了一會余大先生談道湯家請他做館的一段話說了一所笑道武夫可見不過如此武正字道武夫中竟有雅不過的因把蕭雲仙的事細細說了對杜少卿道少卿先生你把那卷子拿出來與余先生看杜少卿取了出來余大先生打開看了圖和虞博士幾个人的詩看畢乘着酒興依韻各和了一首三人極口稱贊當下吃了半夜酒一連住了三日那一日有一个五河鄉里賣鴨的人拿了一封家信來

說是余二老爹帶與余大老爹的余大先生折開一看面如土色只因這一番有分教弟兄相助真耽式好之情朋友交推又見同聲之誼畢竟書子裏說些甚麽且聽下回分解

儒林外史第四十三回

儒林外史第四十四回

敦友誼代兄受過　講堪輿回家葬親

話說余大先生把這家書拿來遞與杜少卿看上面寫著大槩的意思說時下有一件事在這里辦着大哥千萬不可來家我聽見大哥住在少卿表弟家最好放心住著等我把這件事料理清楚了來接大哥那時大哥再回來余大先生道這畢竟是件甚麼事杜少卿道二表兄旣不肯說表兄此時也沒處去問且在我這裏住

着自然知道余大先生寫了一封回書說到底是件甚麽事兄弟可作速細細寫來與我我不着急就是了若不肯給我知道我倒反焦心那人拿着回書回五河送書子與二爺二爺正在那里和縣裏差人說話接了回書打發鄉里人去了向那差人道他那裡來文說是要提要犯余持我並不曾到過無爲州我爲甚麽去差人道你到過不曾到過那个看見我們辦公事只曉得照票子尋人我們衙門裏拿到了强盜賊

穿着檀木靴還不肯招哩那个肯說眞話余二先生沒法只得同差人到縣裏在堂上見了知縣跪着稟道生員在家並不曾到過無爲州太父師這所準的事生員眞个一毫不解知縣道你曾到過不曾到過本縣也不得知現今無爲州有關提在此你說不會到過你且拏去自已看隨在公案上將一張硃印墨標的關文叫值堂吏遞下來看余持接過一看只見上寫的是無爲州承審被叅知州贓案裏有貢生余持過

贓一欵是五河縣入余持看了道生員的話太父師可以明白了這關文上要的是貢生余持生員離出貢還少十多年哩說罷遞上關文來回身便要走了去知縣道余生員不必大忙你纔所說却也明白隨又叫禮房問縣裏可另有个余持貢生禮房值日書辦稟道他余家就有貢生却沒有个余持余持又稟道可見這關文是个捕風捉影的了起身又要走了去知縣道余生員你且下去把這些情由具一張清白呈

子來我這裡替你回覆去余持應了下來出衙門同差人坐在一个茶館裡吃了一壺茶起身又要走差人扯住道余二相你往那里走大清早上水米不沾牙從你家走到這里就是辦皇差也不能這般寡刺難道此時又同了你去不成余二先生道你家老爺吽我出去寫呈子差人道你纔在堂上說你是生員做生員的一年帮人寫到頭倒是自已的要去尋别人對門這茶館後頭就是你們生員們寫狀子的行家你

要寫就進去寫余二先生沒法只得同差人走到茶館後面去差人望着裏邊一人道這余二相要寫个訴呈你替他寫寫他自已做稿子你替他謄眞用个戳子他不給你錢少不得也是我當災昨日那件事關在飯店裏我去一頭來余二先生和代書拱一拱手只見桌傍板櫈上坐着一个人頭戴破頭巾身穿破直裰脚底下一雙打板唱曲子的鞋認得是縣裏吃葷飯的朋友唐三痰唐三痰看見余二先生進來說道

余二哥你來了請坐余二先生坐下道唐三哥你來這里的早唐三痰道也不算早了我纔早同方六房裏六老爺吃了麵送六老爺出了城去纔在這里來你這个事我知道因扯在旁邊去悄悄說道二先生你這件事雖非欽件將來少不得打到欽件裏去你令兄現在南京誰人不知道自古地頭文書鐵箍桶總以當事為主當事是彭府上說了就點到奉行的你而今作速和彭三老爺去商議他家一門都是龍睜虎

眼的脚色只有三老還是个盛德人你如今着了急去求他他也還未必計較你平日不曾在他分上周旋處他是大福大量的人你可以放心去不然我就同你去論起理來這幾位鄉先生你們平日原該聯絡這都是你令兄太自傲處及到弄出事來却又没有个靠傍余二先生道極蒙關切但方纔縣尊已面許我回文我且遞上呈子去等他替我回了文去再爲斟酌唐三痰道也罷我看着你寫呈子當下寫了呈子

挐進縣裏去知縣叫書辦據他呈子繕文書回無爲州書辦來要了許多紙筆錢去是不消說過了半个月文書回頭來上寫的清白寫着要犯余持係五河貢生身中面白微鬚年約五十多歲的于四月初八日在無爲州城隍廟寓所會風影會話私和入命隨於十一日進州衙關說續於十六日州審錄供之後風影備有酒席送至城隍廟風影共出賍銀四百兩三人均分余持得賍一百三十三兩有零二十八日在州

衙辭行由南京回五河本籍贓証確據何得諱
稱並無其人事關憲件人命重情煩貴縣查照
來文事理星即差押該犯赴州以憑審結望速
望速知縣接了關文又傳余二先生來問余二
先生道這更有的分辨了生員再細細具呈上
來只求太父師做主說罷下來到家做呈子他
妻舅趙麟書說道姐夫這事不是這樣說了分
明是大爺做的事他左一回右一回雲片的文
書來姐夫為甚麼自己纏在身上不如老老實

寶其倆呈子說大爺現在南京叫他行文到南京去關姐夫落得乾淨無事我這裏娃子不哭奶不脹爲甚麼把別人家的棺材拉在自己門口哭余二先生道老舅我弟兄們的事我自有主意你不要替我焦心趙麟書道不是我也不說你家大爺平日性情不好得罪的人多就如仁昌典方三房裏仁大典方六房裏都是我們五門四關廂裏錚錚響的鄉紳縣裏王公同他們是一个人你大爺偏要拏話得罪他就是這

兩天方二爺同彭鄉紳家五房裏做了親家五爺是新科進士我聽見說就是王公做媒擇的日子是出月初三日拜允他們席間一定講到這事彭老五也不要明說出你令兄不好處只消微露其意王公就明白了那時王公作惡起來反說姐夫你藏匿着哥就躭不住了還是依着我的話余二先生道我且再遞一張呈子若那里催的緊再說出來也不遲趙麟書道再不你去托托彭老五罷余二先生笑道也且慢些

趙麟書見說他不信就回去了余三先生又具了呈子到縣裏縣裏據他的呈子回文道案據貴州移關要犯余持係五河貢生身中面白微鬚年約五十多歲的於四月初八日在無爲州城隍廟寓所會風影會話私和人命隨於十一月進州衙關說續於十六日州審錄供之後風影備有酒席送至城隍廟風影共出賍銀四百兩三人均分余持得賍一百三十三兩有零二十八日在州衙辭行由南京回五河本籍賍証

確據何得諱稱並無其人事關憲件人命重情等因到縣准此本縣隨即拘傳本生到案據供生員余持身中面麻微鬚年四十四歲係廩膳生員未會出貢本年四月初八日學憲按臨鳳陽初九日行香初十日懸牌十一日科試入學生員該生余持進院赴考十五日覆試案發取錄余持次日進院覆試考居一等第二名至二十四日送學憲起馬回籍肄業安能一身在鳳陽科試又一身在無為州詐財本縣取具口供

隨取本學册結對驗該生委係在鳳陽科試未
曾到無爲詐贓不便解送恐係外鄉光棍頂名
冒姓理合據實回明另輯審結云云這文書回
了去那里再不來提了余二先生一塊石頭落
了地寫信約哥回來大先生回來細細問了這
些事說全費了兄弟的心便問衙門使費一總
用了多少銀子二先生道這个話哥還問他怎
的哥帶來的銀子料理下葬爲是又過了幾日
弟兄二人商議要去拜風水張雲峰恰好一个

本家來請吃酒兩人拜了張雲峰便到那里赴席去那里請的沒有外人就是請的他兩个嫡堂兄弟一个叫余敷一个叫余殷兩人見大哥二哥來慌忙作揖彼此坐下問了些外路的事余敷道今日王父母在彭老二家吃酒主人坐在底下道還不曾來哩陰陽生纔拏過帖子去余殷道彭老四點了主考了聽見前日辭朝的時候他一句話回的不好朝廷把他身子拍了一下余大先生笑道他也沒有甚麼話說的不

好就是說的不好皇上離着他也遠怎能自已掐他一下余殷紅着臉道然而不然他而今官大了是翰林院大學士又帶着左春坊每日就要站在朝廷大堂上暖閣子裏議事倘回的話不好朝廷怎的不掐他難道怕得罪他麼土人坐在底下道大哥前日在南京來聽見說應天府尹進京了余大先生還不曾荅應余敷道這个事也是彭老四奏的朝廷那一天問應天府可該換人彭老四要薦他的同年湯奏就說該

換他又不肯得罪府尹唧唧的寫个書子帶來
叫府尹自已請陞見所以進京去了余二先生
道大僚更換的事翰林院衙門是不管的這話
恐未必確余殷道這是王父母前日在仁大典
吃酒席上親口說的怎的不確說罷擺上酒來
九个盤子一盤青菜花炒肉一盤煎鯽魚一盤
片粉伴雞一盤攤蛋一盤葱炒蝦一盤瓜子一
盤人參果一盤石榴米一盤豆腐乾盪上滚熱
的封缸酒來吃了一會主人走進去拿出一個

紅布口袋盛着幾塊土紅頭繩子拴着向余敷
余殷說道今日請兩位賢弟來就是要看看這
山上土色不知可用得余二先生道山上是幾
時破土的主人道是前日余敷正要打開拏出
土來看余殷奪過來道等我看劈手就奪過來
拏出一塊土來放在面前把頭歪在右邊看了
一會把頭歪在左邊又看了一會拏手指頭掐
下一塊土來送在嘴裡歪着嘴亂嚼嚼了半天
把一大塊土就遞與余敷說道四哥你看這土

好不好余敷把土接在手裏拿着在燈底下翻過來把正面看了一會翻過來又把反面看了一會也掐了一塊土送在嘴裏閉着嘴閉着眼慢慢的嚼嚼了半日睜開眼又把那土拿在鼻子跟前儘着聞又聞了半天說道這土果然不好主人慌了道這地可葬得余殷道這地葬不得葬了你家就要窮了余大先生道我不在家這十幾年不想二位賢弟就這般精於地理余敷道不瞞大哥說經過我愚弟兄兩个看的地

一毫也沒得辨駁的余大先生道方才這土是那山上的余二先生指着主人道便是賢弟家四叔的墳商議要遷葬余大先生屈指道四叔葬過已經二十多年家裏也還平安可以不必遷罷余殷道大哥這是那裏來的話他那墳裏一汪的水一包的螞蟻做兒子的人把个父親放在水窩裏螞蟻窩裏不遷起來還成个人余大先生道如今尋的新地在那里余殷道昨日這地不是我們尋的我們替尋的一塊地在三

尖峰我把這形勢說給大哥看因把這桌上的盤子撤去兩个拿指頭蘸着封缸酒在桌上畫个圈子指着道大哥你看這是三尖峰那邊來路遠哩從浦口山上發脉一个墩一个砲一个墩一个砲一个墩一个砲彎彎曲曲骨裏骨碌一路接着滚了來滚到縣裏周家岡龍身跌落過峽又是一个墩一个砲骨骨碌碌幾十个砲趕了來結成一个穴情這穴情叫做荷花出水正說着小厮捧上五碗麪主人請諸位用了醋

把這青菜炒肉夾了許多堆在麵碗頭上衆人舉起箸來吃余殷吃的差不多揀了兩根麵條在桌上彎彎曲曲做了一个來龍睁着眼道我這地要出個狀元葬下去中了一甲第二也算不得就把我的兩隻眼睛剜掉了主人道那地葬下去自然要發余敷道怎的不發就要發並不等三年五年余殷道假着就要發你葬下去纔知道好哩余大先生道前日我在南京聽見幾位朋友說葬地只要父母安那子孫發達的

話也是渺茫余敷道然而不然父母果然安子孫怎的不發余殷道然而不然彭府上那一座墳一个龍爪子恰好搭在他太爺左膀子上所以前日彭老四就有這一拍難道不是一个龍爪子大哥你若不信明日我同你到他墳上去看你纔知道又吃了幾杯一齊起身道擾了小厮打着燈籠送進余家巷去各自歸家歇息次日大先生同二先生商議道昨日那兩个兄弟說的話怎樣一个道理二先生道他們也只說

的好聽究竟是無師之學我們還是請張雲峰商議爲是大先生道這最有理次日弟兄兩个備了飯請張雲峰來張雲峰道我往常時諸事沾二位先生的光二位先生因太老爺的大事托了我怎不盡心大先生道我弟兄是寒士蒙雲峰先生厚愛凡事不恭但望恕罪二先生道我們只要把父母大事做了歸着而今拜托雲翁並不必講發富發貴只要地下乾暖無風無蟻我們愚弟兄就感激不盡了張雲峰一一領

命過了幾月等了一塊地就在祖墳旁邊余大先生余二先生同張雲峰到山裏去親自復了這地托祖墳上山主用二十兩銀子買了托張雲峰擇日子日子還不曾擇來那日閒着無事大先生買了二斤酒辦了六七个盤子打算老弟兄兩个自己談談到了下晚時候大街上虞四公子寫个說帖來寫道今晚薄治園蔬請二位表兄到荒齋一叙勿外是荷虞梁頓首余大先生看了向那小厮道我知道了拜上你家老

爺我們就來打發出門隨即一个蘇州人在這
裏開糟坊的打發人來請他弟兄兩个到糟坊
裏去洗澡大先生向二先生道這凌朋友家請
我們又想是有酒吃我們而今擾了凌風家再
到虞表弟家去弟兄兩个相攜着來到凌家一
進了門聽得裏面一片聲吵嚷却是凌家因在
客邊僱了兩个鄉里大脚婆娘主子都同他偷
上了五河的風俗是个个人都要同僱的大脚
婆娘睡覺的不怕正經廠廳裏擺着酒大家說

起這件事都要笑的眼睛沒縫欣欣得意不以
爲羞耻的凌家這兩个婆娘彼此疑惑你疑惑
我多得了主子的錢我疑惑你多得了主子的
錢爭風吃醋打炒起來又大家搬楦頭說偷着
店裏的店官店官也跟在裏頭打吵把厨房裏
的碗兒盞兒碟兒打的粉碎又伸開了大脚把
洗澡的都桶都翻了余家兩位先生酒也吃不
成澡也洗不成倒反扯勸了半日辭了主人出
來主人不好意思千告罪萬告罪說改日再請

兩位先生走出婁家門便到虞家虞家酒席已散大門關了余大先生笑道二弟我們仍舊回家吃自己的酒二先生笑着同哥到了家裏叫拿出酒來吃不想那二斤酒和六个盤子已是娘娘們吃了只剩了个空壺空盤子在那里大先生道今日有三處酒吃一處也吃不成可見一飲一啄莫非前定弟兄兩个笑着吃了些小菜晚飯吃了幾杯茶彼此進房歇息睡到四更時分門外一片聲大喊兩弟兄一齊驚覺看見

窓外通紅知道是對門失火慌忙披了衣裳出來叫齊了隣居把父母靈柩搬到街上那火燒了兩間房子到天亮就救息了靈柩在街上五河風俗說靈柩擡出門再要擡進來就要窮人家所以衆親友來看都說乘此擡到山裏擇个日子葬罷大先生向二先生道我兩人葬父母自然該正正經經的告了廟備祭辭靈徧請親友會葬豈可如此草率依我的意思仍舊將靈柩請進中堂擇日出殯二先生道這何消說如

果要窮死盡是我弟兄兩个當災當下衆人勸着總不聽奠薦了八將靈柩請進中堂候凌雲峰擇了日子出殯歸葬甚是盡禮那日闔縣送殯有許多的人天長杜家也來了幾个人自此傳徧了五門四閘廂一个大新聞說余家兄弟兩个越發獃串了皮了做出這樣倒運的事只因這一番有分教風塵惡俗之中亦藏俊彥數米量柴之外别有經綸畢竟後事如何且聽下回分解

俗語云喫了自己的清水白米飯去管別人家的閒事如唐三痰輩日日在縣門口說長論短究竟與自己穿衣喫飯有何益處而自首爲之而不厭即此如溷厠中蛆蟲翻上翻下忙忙急急若似乎有許多事者然究竟日日如此何嘗翻出厠坑之外哉

唐三痰路人耳不足怪也道麟書亦係余大先生之親串何苦如此寫薄俗澆漓先自親串始有味乎其言之

口口帶定彭鄉紳方鹽商是此篇扼要處觀余敷余殷兩弟兄之口談知其爲一字不通之支堪輿之學不必言矣其妙處在於活色生香呼之欲出跃形歎氣如在目前也

儒林外史第四十五回

儒林外史第四十六回

三山門賢人餞别　五河縣勢利熏心

話說余大先生葬了父母之後和二先生商議要到南京去謝謝杜少卿又因銀子用完了順便就可以尋館收拾行李别了二先生過江到杜少卿河房裏杜少卿問了這場官事余大先生細細說了杜少卿不勝嘆息正在河房裏閒話外面傳進來有儀徵湯大老爺來拜余大先生問是那一位杜少卿道便是請表兄做館的

了不妨就會他一會正說着湯鎮臺進來叙禮坐下湯鎮臺道少卿先生前在虞老先生齋中得接光儀不覺鄙吝頓消隨即登堂不得相値又懸我一日之思此位老先生尊姓杜少卿道這便是家表兄余有達老伯去歲曾要相約做館的鎮臺大喜道今日無意中又晤一位高賢眞爲幸事從新作揖坐下余大先生道老先生功在社稷今日角巾私第口不言功眞古名將風度湯鎮臺道這是事勢相逼不得不爾至今

想來究竟

氣用事並不會報効得朝廷倒惹得同官心中不快活卻也悔之無及余大先生道這个朝野自有定論老先生也不必過謙了杜少卿道老伯此番來京貴幹現寓何處湯鎮臺道家居無事偶爾來京借此會會諸位高賢敝寓在承恩寺弟就要去拜虞博士并莊徵君賢竹林喫過茶辭別出來余大先生同杜少卿送了上轎余大先生暫寓杜少卿河房這湯鎮臺到國子監拜虞博士那裏留下帖回了

不在署隨往北門橋拜莊濯江裏面見了帖子忙叫請會這湯鎮臺下轎進到廳事主人出來敘禮坐下道了幾句彼此仰慕的話湯鎮臺提起要往後湖拜莊徵君莊濯江道家叔此刻恰好在舍何不竟請一會湯鎮臺道這便好的極了莊濯江吩咐家人請出莊徵君來同湯鎮臺拜見過敘坐又喫了一遍茶莊徵君道老先生此來恰好虞老先生尚未榮行又重九相近我們何不相約作一个登高會就此便奉餞虞老

先生又可暢聚一日莊濯江道甚好訂期便在舍間相聚便了湯鎮臺坐了一會起身去了說道數日內登高會再接教可以爲盡日之談說罷二位送了出來湯鎮臺又去拜了遲衡山武正字莊家隨即着家人送了五兩銀子到湯鎮臺寓所代席過了三日管家持帖邀客請各位早到莊濯江在家等候莊徵君已先在那里少刻遲衡山武正字都到了莊濯江收拾了一个大廠榭四面都插了菊花此時正是九月初五

天氣充爽各人都穿着袷衣啜茗閒談又談了一會湯鎮臺蕭守府虞博士都到了衆人迎請進來作揖坐下湯鎮臺道我們俱係天涯海角之人今幸得賢主人相邀一聚也是三生之緣又可惜虞老先生就要去了此聚之後不知快晤又在何時莊濯江道各位老先生當今山斗今日惠顧茅齋想五百里內賢人聚矣坐定家人捧上茶來揭開來似白水一般香氣芬馥銀針都浮在水面喫過又換了一巡真天都雖是

隔年陳的那香氣尤烈虞博士吃着茶笑說道二位老先生當年在軍中想不見此物蕭雲仙道豈但軍中小弟在青楓城六年得飲白水已爲厚幸只覺强于馬溺多矣湯鎮臺道果然青楓水草可支數年莊徵君道蕭老先生博雅真不數北魏崔浩遲衡山道前代後代亦時有變遷的杜少卿道宰相須用讀書人將帥亦須用讀書人若非蕭老先生有識安能立此大功武正字道我最可笑的邊庭上都督不知有水草

部裏書辦核算時偏生知道這不知是司官的學問還是書辦的學問若說是司官的學問怪不的朝廷重文輕武若說是書辦的考核可見這大部的則例是移動不得的了說罷一齊大笑起來戲子吹打已畢奉席讓坐戲子上來參堂莊飛熊起身道今日因各位老先生到舍晚生把梨園榜上有名的十九名都傳了來求各位老先生每人賞他一齣戲虞博士問怎麽叫做梨園榜余大先生把昔年杜慎卿這件風流

事逃了一徧衆人又大笑湯鎮臺向杜少卿道令兄已是銓選部郎了杜少卿道正是武正字道慎卿先生此一番許隲可云至公至明只怕立朝之後做主考房官又要目迷五色柰何衆人又笑了當日吃了一天酒做完了戲到黃昏時分衆人散了莊濯江尋妙子丹青畫了一幅登高送別圖在會諸人都做了詩又各家移樽到博士齋中餞別南京餞別虞博士的也不下千餘家虞博士應酬煩了凡要到船中送別的

都辭了不勞那日叫了一隻小舡在水西門起
行只有杜少卿送在舡上杜少卿拜別道老叔
已去小姪從今無所依歸矣虞博士也不勝凄
然邀到舡裏坐下說道少卿我不瞞你說我本
赤貧之士在南京來做了六七年博士每年積
幾兩俸金只掙了三十担米的一塊田我此番
去或是部郎或是州縣我多則做三年少則做
兩年再積些俸銀添得兩十担米每年養着我
夫妻兩个不得餓死就罷了子孫們的事我也

不去管他現今小兒讀書之餘我教他學个醫可以餬口我要做這官怎的你在南京我時常寄書子來問候你說罷和杜少卿灑淚分手杜少卿上了岸看着虞博士的船開了去望不見了方才回來余大先生在河房裡杜少卿把方才這些話告訴他余大先生嘆道難進易退真乃天懷淡定之君子我們他日出身皆當以此公爲法彼此歎賞了一回當晚余二先生有家書來約大先生回去說表弟虞華軒家請的西

席先生去了要請大哥到家教兒子目今就要進館請作速回去余大先生向杜少卿說了辭別要去次日束裝渡江杜少卿送過自回家去

余大先生渡江回家二先生接着拏帖子與乃兄看上寫愚表弟虞梁敬請余大表兄先生在舍教訓小兒每年修金四十兩節禮在外此訂大先生看了次日去回拜虞華軒迎了出來心裏歡喜作揖奉坐小厮拏上茶來吃着虞華軒道小兒蠢夯自幼失學前數年愚弟就想請表

兒教他因表兄出遊在外今恰好表兄在家就是小兒有幸了舉人進士我和表兄兩家車載斗量也不是甚麼出奇東西將來小兒在表兄門下第一要學了表兄的品行這就受益的多了余大先生道愚兄老拙株守兩家至戚世交只和老弟氣味還投合的來老弟的兒子就是我的兒子一般我怎不盡心教導若說中舉人進士我這不會中過的人或者不在行至於品行文章令郎自有家傳愚兄也這是行所無事

說罷彼此笑了擇了個吉日請先生到館余大先生絕早到了虞小公子出來拜見甚是聰俊拜過虞華軒送至館所余大先生上了師位虞華軒辭別到那邊書房裏去坐纔坐下門上人傳了一個客進來這客是唐三痰的哥叫做唐二棒椎是前科中的文舉人却與虞華軒是同案進的學這日因他家先生開館就踱了來要陪先生虞華軒留他坐下吃了茶唐二棒椎道今日恭喜令郎開館虞華軒道正是唐二棒椎

道這先生最好只是坐性差些又好弄這些雜學荒了正務論余大先生的舉業雖不是時下的惡習他要學國初帖括的排場却也不是中和之業虞華軒道小兒也還早哩如今請余大表兄不過叫學他些立品不做那世利小人就罷了又坐了一會唐二棒椎道老華我正有一件事要來請教你這通古學的虞華軒道我通甚麼古學你拿這話來笑我唐二棒椎道不是笑話真要請教你就是我前科僥倖我有一个

嫡姪他在鳳陽府裏住也和我同榜中了又是同榜又是同門他自從中了不曾到縣裏來而今來祭祖他昨日來拜我是門年愚姪的帖子我如今回拜他可該用个門年愚叔虞華軒道怎麽說唐二棒椎道你難道不會聽見我舍姪同我同榜同門是出在一个房師房裏中的了他寫門年愚姪的帖子拜我我可該照樣還他虞華軒道我難道不曉得同着一个房師叫做同門但你方纔說的門年愚姪四个字是鬼話

是夢話唐二棒椎道怎的是夢話虞華軒仰天大笑道從古至今也沒有這樣奇事唐二棒椎變着臉道老華你莫怪我說你雖世家大族你家發過的老先生們離的遠了你又不曾中過這些官場上來往的儀制你想是未必知道我舍姪他在京裏不知見過多少大老他這帖子的樣式必有个來歷難道是混寫的虞華軒道你長兄旣說是該這樣寫就這樣寫罷了何必問我唐二棒椎道你不曉得等余大先生出來

吃飯我問他正說着小厮來說姚五爺進來了兩个人同站起來姚五爺進來作揖坐下虞華軒道五表兄你昨日吃過飯怎便去了晚裏還有个便酒等着你也不來唐二棒椎道姚老五昨日在這裏吃中飯的麽我昨日午後遇着你你現說在仁昌典方老六家吃了飯出來怎的這樣扯謊小厮擺了飯請余大先生來余大先生首席唐二捧椎對面姚五爺上坐主人下部吃過飯虞華軒笑把方纔寫帖子話說與余大

先生余大先生氣得兩臉紫漲頸子裏的筋都耿出來說道這話是那个說的請問人生世上是祖父要緊是科名要緊虞華軒道自然是祖父要緊了這也何消說得余大先生道既知是祖父要緊如何纔中了个舉人便丟了天屬之親叔姪們認起同年同門來這樣得罪名教的話我一世也不願聽二哥你這位令姪還虧他中个舉竟是一字不通的人若是我的姪兒我先拏他在祠堂裏祖宗神位前先打幾十板子

纔好唐二棒椎同姚五爺看見余大先生惱得像紅蟲知道他的迂性獃氣發了講些混話支開了去須臾吃完了茶余大先生進館去了姚五爺起身道我去走走再來唐二棒椎道你今日出去該說在彭老二家吃了飯出來的了姚五爺笑道今日我在這裏陪先生人都知道的不好說在別處笑着去了姚五爺去了一時又走回來說道老華廳上有个客來拜你說是在府裏太尊衙門裏出來的在廳上坐着哩你快

出去會他虞華軒道我並没有這个相與是那里來的正疑惑間門上傳進帖子來年家眷同學教弟季萑頓首拜虞華軒出到廳上迎接季葦蕭進來作揖坐下拏出一封書子遞過來說道小弟在京師因同敝東家來貴郡令表兄杜慎卿先生托寄一書專候先生今日得見雅範實爲深幸虞華軒接過書子拆開從頭看了說道先生與我敝府厲公祖是舊交季葦蕭道厲公是敝年伯荀大人的門生所以邀小弟在他

幕中共事虞華軒道先生因甚公事下縣來季葦蕭道此處無外人可以奉告厲太尊因貴縣當舖戥子太重剝削小民所以托弟下來查一查如其果眞此弊要除虞華軒將椅子挪近季葦蕭跟前低言道這是太公祖極大的仁政敝縣別的當舖原也不敢如此只有仁昌仁大方家這兩个典舖他又是鄉紳又是鹽典又同府縣官相與的極好所以無所不爲百姓敢怒而不敢言如今要除這個弊只要除這兩家況太

公祖堂堂太守何必要同這樣人相與此說只
可放在先生心裏却不可漏洩說是小弟說的
季葦蕭道這都領教了虞華軒又道蒙先生賜
顧本該備個小酌奉屈一談一來恐怕褻尊二
來小地方耳目衆多明日備个菲酌送到尊寓
萬勿見却季葦蕭道這也不敢當說罷作別去
了虞華軒走進書房來姚五爺迎着問道可是
太尊那裏來的虞華軒道怎麼不是姚五爺搖
着頭笑道我不信唐二棒椎沉吟道老華這倒

也不錯果然是太尊裏面的人太尊同你不啻迴同太尊密邇的是彭老三方老六他們二位我聽見這人來正在這里疑惑他果然在太尊衙門裏的人他下縣來不先到他們家去倒有个先來拜你老哥的這个話有些不像恐怕是外方的甚麼光棍打着太尊的旂號到處來騙人的錢你不要上他的當虞華軒道也不見得這人不曾去拜他們姚五爺笑道一定沒有拜若拜了他們怎肯還來拜你虞華軒道難道是

太尊叫他來拜我的是天長杜愼卿表兄在京裡寫書子給他來的這人是有名的季葦蕭唐二棒椎搖手道這話更不然季葦蕭是定梨園榜的名士他既是名士京裡一定在翰林院衙門裏走動况且天長杜愼老同彭老四是一个人豈有个他出京來帶了杜愼老的書子來給你不帶彭老四的書子來給他家的這人一定不是季葦蕭虞華軒道是不是罷了只管講他怎的便罵小厮酒席爲甚麼到此時還不停當

一个小厮走來稟道酒席已經停當了一个小厮捎了被囊行李進來說鄉裡成老爹到了只見一人方巾藍布直裰薄底布鞋花白鬍鬚酒糟臉進來作揖坐下道好呀今日恰好府上請先生我撞着來吃喜酒虞華軒叫小厮拿水來給成老爹洗臉抖掉了身上腿上那些黃泥一同邀到廳上擺上酒來余大先生首席眾位陪坐天色已黑虞府廳上點起一對料絲燈來還是虞華軒曾祖尚書公在武英殿御賜之物今

已六十餘年猶然蔟新余大先生道自古說故家喬副果然不差就如尊府這燈我縣裏沒有第二木成老爹道大先生三十年河東三十年河西就像三十年前你二位府上何等氣勢我是親眼看見的而今彭府上方府上都一年盛似一年不說别的府裏太尊縣裏王公都同他們是一个人時時有內裏幕賓相公到他家來說要緊的話百姓怎的不怕他像這內裏幕賓相公再不肯到别人家去唐二棒椎道這些時

可有慕賓相公來成老爹道現有一个姓吉的吉相公下來訪事住在寶林寺僧官家今日清早就在仁昌典方老六家方老六把彭老二也請了家去部着三个人進了書房門講了一天不知太爺是作惡那一個叫這吉相公下來訪的唐二棒椎望著姚五爺冷笑道何如余大先生看見他說的這些話可厭因問他道老爹去年准給衣巾了成老爹道正是爲學臺是彭老四的同年求了他一封書子所以准的余大先

生笑道像老爹這一副酒糟臉學臺看見著實精神怎的肯准成老爹道我說我這臉是浮腫着的衆人一齊笑了又吃了一會酒成老爹道大先生我和你是老了沒中用的了英雄出于少年怎得我這華軒世兄下科高中了同我們這唐二老爺一齊會上進士雖不能像彭老四做這樣大位或者像老三老二候選个縣官也與祖宗爭氣我們臉上也有光輝余大先生看見這些話更可厭因說道我們不講這些話行

令吃酒罷當下行了一个快樂飲酒的令行了半夜大家都吃醉了成老爹扶到房裏去睡打燈籠送余大先生唐二棒椎姚五爺回去成老爹睡了一夜半夜裡又吐吐了又痾屎不等天亮就叫書房裡的一个小小廝來掃屎就悄悄向那小小廝說叫把管租的管家叫了兩个進來又鬼頭鬼腦不知說了些甚麼便叫請出大爺來只因這一番有分教鄉僻地面偏多慕勢之風學校宮前竟行非禮之事畢竟後事如何

且聽下回分解

博士去而文壇自此冷落矣虞博士是書中第一人祭泰伯祠是書中第一事自此以後皆流風餘韻故寫博士之去惟少卿送之而臨別數言凄然欲絕千載之下謦欬如聞薄俗澆漓中而有一二自愛之人此衆口之所最不能容者也虞華軒書房裏偏生有唐二棒椎姚五爺來往寫小地方之人情出神入化從來稗官無此筆仗

唐二棒椎姚五爺兩人儘彀令人作惡矣偏又添出一个成老爹文心如春盡之花發洩無遺天工之巧更不留餘也

儒林外史第四十六回

儒林外史第四十七回

虞秀才重修元武閣　方鹽商大鬧節孝祠

話說虞華軒也是一个非同小可之人他自小七八歲上就是个神童後來經史子集之書無一樣不曾熟讀無一樣不講究無一樣不通徹到了二十多歲學問成了一切兵農禮樂工虞水火之事他提了頭就知到尾文章也是枚馬詩賦也是李杜況且他曾祖是尚書祖是翰林父是太守真正是个大家無奈他雖有這一肚

子學問五河人總不許他開口五河的風俗說起那人有品行他就歪着嘴笑說起前幾十年的世家大族他就鼻子裡笑說那个人會做詩賦古文他就眉毛都會笑問五河縣有甚麼山川風景是有个彭鄉紳問五河縣有甚麼出產希奇之物是有个彭鄉紳問五河縣那个有品望是奉承彭鄉紳問那个有德行是奉承彭鄉紳問那个有才情是專會奉承彭鄉紳却另外有一件事人也還怕是同徽州方家做親家還

有一件事人也還親熱就是大捧的銀子拿出
來買田虞華軒生在這惡俗地方又守着幾畝
田園跑不到別處去因此就激而爲怒他父親
太守公是个清官當初在任上時過些清苦日
子虞華軒在家省吃儉用積起幾兩銀子此時
太守公告老在家不管家務虞華軒每年苦積
下幾兩銀子便叫興販田地的人家來說要買
田買房子講的差不多又臭駡那些人一頓不
買以此開心一縣的人都說他有些痰氣到底

貪圖他幾兩銀子所以來親熱他這成老爹是个典販行的行頭那日叫管家請出大爺來書房裡坐下說道而今我那左近有一分田水旱無憂每年收的六百石稻他要二千兩銀子前日方六房裏要買他的他已經打算賣給他那些莊戶不肯虞華軒道莊戶為甚麼不肯成老爹道莊戶因方府上田主子下鄉要莊戶備香案迎接欠了租又要打板子所以不肯賣與他虞華軒道不賣給他要賣與我我下鄉是擺臭

案的我除了不打他他還要打我成老爹道不是這樣說說你大爺寬宏大量不像他們刻薄而今所以來怨成的不知你的銀子可現成虞華軒道我的銀怎的不現成叫小厮搬出來給老爹瞧當下叫小厮搬出三十錠大元寶來望桌上一掀那元寶在桌上亂滚成老爹的眼就跟這元寶滚虞華軒叫把銀子收了去向成老爹道我這些銀子不扯謊麽你就下鄉去說說了來我買他的成老爹道我在這裡還耽擱幾

天才得下去虞華軒道老爹有甚麼公事成老爹道明日要到王父母那里領先嬸母舉節孝的坊牌銀子順便交錢糧後日是彭老二的小令愛整十歲要到那里去拜壽外後日是方六房裏請我吃中飯要擾過他才得下去虞華軒鼻子裡嘻的笑了一聲罷了留成老爹吃了中飯領坊牌銀子交錢糧去了虞華軒叫小厮把唐三痰請了來這唐三痰因方家裡平日請吃酒吃飯只請他哥舉人不請他他就耑會打聽

方家那一日請人請的是那幾个他都打聽在肚裡甚是的確虞華軒曉得他這个毛病那一日把他尋了來向他說道費你的心去打聽打聽仁昌典方六房裡外後日可請的有成老爹打聽的確了來外後日我就備飯請你唐三痰應諾去打聽了半天回來說道並無此說外後日方六房裡並不請人虞華軒道妙妙你外後日清早就到我這裏來吃一天送唐三痰去了叫小廝悄悄在香蠟店托小官寫了一个紅单

帖上寫着十八日午間小飯候光下寫方杓頓首拿封袋裝起來貼了籤叫人送在成老爹睡覺的房裡書案上成老爹交了錢糧晚里回來看見帖子自心裡歡喜道我老頭子老運亨通了偶然扯个謊就扯着了又恰好是這一日歡喜着睡下到十八那日唐三痰清早來了虞華軒把成老爹請到廳上坐着看見小厮一个个從大門外進來一个拾着酒一个拿着雞鴨一个拿着脚魚和蹄子一个个拿着四包果子一个

捧着一大盤肉心燒賣都往厨房裡去成老爹知道他今日偏酒也不問他虞華軒問唐三痰道修元武閣的事你可曾向木匠瓦匠說唐三痰道說過了工料費着哩他那外面的圍墻倒了要從新砌又要修一路臺基瓦工需兩三个月裡頭換梁柱釘椽子木工還不知要多少但凡修理房子瓦木匠只打半工他們只說三百怕不也要五百多銀子才修得起來成老爹道元武閣是令先祖蓋的却是一縣發科甲的風

水而今科甲發在彭府上該是他家拏銀子修了你家是不相干了還只管累你出銀子虞華軒拱手道也好費老爹的心向他家說說幫我幾兩銀子我少不得也見老爹的情成老爹道這事我說去他家雖然官員多氣魄大但是我老頭子說話他也還信我一兩句虞家小厮又悄悄的從後門口叫了一个賣草的把他四个錢叫他從大門口轉了進來說道成老爹我是方六老爺家來的請老爹就過去候着哩成老

爹道拜上你老爺我就來那賣草的去了成老爹辭了主人一直來到仁昌典門上人傳了進去主人方老六出來會着作揖坐下方老六問老爹幾時上來的成老爹心裏驚了一下荅應道前日纔來的方老六又問寓在那里成老爹更慌了荅應道在虞華老家小厮拏上茶來喫過成老爹道今日好天氣方老六道正是成老爹道這些時常會王父母方老六道前日還會着的彼此又坐了一會沒有話說又喫了一會

茶成老爹道太尊這些時總不見下縣來過若還到縣裏來少不得先到六老爺家太尊同六老爺相與的好比不得別人其實說太爺闔縣也就敬的是六老爺一位那有第二个鄉紳抵的過六老爺方老六道新按察司到任太尊只怕也就在這些時要下縣來成老爹道正是又坐了一會又吃了一道茶也不見一个客來也不見擺席成老爹疑惑肚裏又餓了只得告辭一聲看他怎說因起身道我別過六老爺罷方

老六也站起來道還坐坐成老爹道不坐了即便辭别送了出來成老爹走出大門摸頭不着心裏想道莫不是我太來早了又想道莫不他有甚事怪我又想道莫不是我錯看了帖子猜疑不定又心裏想道虞華軒家有現成酒飯且到他家去喫再處一直走回虞家虞華軒在書房裏擺着桌子同唐三痰姚老五和自己兩个本家擺着五六碗滚熱的肴饌正喫在快活處見成老爹進來都站起身虞華軒道成老爹偏

背了我們喫了方家的好東西來了好快活便叫快拿一張椅子與成老爹那邊坐泡上好消食的陳茶來與成老爹吃小厮遠遠放一張椅子在上面請成老爹坐了那蓋碗陳茶左一碗右一碗送來與成老爹成老爹越吃越餓肚裏說不出來的苦看見他們大肥肉塊鴨子脚魚夾着往嘴裏送氣得火在頂門裏直冒他們一直喫到晚成老爹一直餓到晚等他送了客客都散了悄悄走到管家房裏要了一碗炒米泡

了喫進房去睡下在牀上氣了一夜次日辭了虞華軒要下鄉回家去虞華軒問老爹幾時來成老爹道若是田的事要我就上來若是田的事不要我只等家嬸母入節孝祠的日子我再上來說罷辭別去了一日虞華軒在家無事唐二棒椎走來說道老華前日那姓季的果然是太尊裏出來的住寶林寺僧官家方老六彭老二都會着竟是眞的虞華軒道前日說不是也是你今日說眞的也是你是不是罷了這是甚

麽奇處唐二棒椎笑道老華我從不會會過太尊你少不得在府裏回拜這位季兄去攜帶我去見見太尊可行得麽虞華軒道這也使得過了幾日僱了兩乘轎子一同來鳳陽到了衙裏投了帖子虞華軒又帶了一個帖子拜季葦蕭衙裏接了帖子回出來道季相公揚州去了太爺有請二位同進去在書房裏會會過太尊出來兩位都寓在東頭太尊隨發帖請飯唐二棒椎向虞華軒道太尊明日請我們我們沒有个

坐在下處等他的人老遠來邀的明日我和你到府門口龍興寺坐着好讓他一邀我們就進去虞華軒笑道也罷次日中飯後同到龍興寺一个和尚家坐着只聽得隔壁一个和尚家細吹細唱的有趣唐二棒椎道這吹唱的好聽我走過去看看看了一會回來垂頭喪氣向虞華軒抱怨道我上了你的當你當這吹打的是誰就是我縣里仁昌典方老六同厲太尊的公子備了極齊整的席一个人摟着一个戲子在那

里頭要他們這樣相厚我前日只該同了方老六來若同了他來此時已同公了坐在一處如今同了你雖見得太尊一面到底是个皮裏膜外的帳有甚麼意思虞華軒道都是你說的我又不曾强扯了你來他如今現在這裏你跟了去不是唐二棒椎道同行不踈伴我還同你到衙裏去吃酒說着衙裏有人出來邀兩人進衙去太尊會着說了許多仰慕的話又問縣裏節孝幾時入祠我好委官下來致祭兩人答道回

去定了日子少不得具請啟來請太公祖吃完了飯辭別出來次日又拏帖子辭了行回縣去了虞華軒到家第二日余大先生來說節孝入祠的十出月初三我們兩家有好幾位叔祖母伯母叔母入祠我們兩家都該公備祭酌自家合族人都送到祠裏去我兩人出去傳一傳虞華軒道這个何消說寒舍是一位尊府是兩位兩家紳衿共有一百四五十人我們會齊了一同到祠門口都穿了公服迎接當事也是大家

的氣象余大先生道我傳我家的去你傳你家的去虞華軒到本家去了一交惹了一肚子的氣回來氣的一夜也沒有睡着清晨余大先生走來氣的兩隻眼白瞪着問道表弟你傳的本家怎樣虞華軒道正是表兄傳的怎樣爲何氣的道樣光景余大先生道再不要說起我去向寒家這些人說他不來也罷了都回我說方家老太太入祠他們都要去陪祭候送還要扯了我也去我說了他們他們還要笑我說背時的

話你說可要氣死了人虞華軒笑道寒家亦是
如此我氣了一夜明日我備一个祭桌自送我
家叔祖母不約他們了余大先生道我也只好
如此相約定了到初三那日虞華軒換了新衣
帽叫小廝挑了祭桌到他本家八房裏進了門
只見冷冷清清一个客也沒有八房裏堂弟是
个窮秀才頭戴破頭巾身穿舊襴衫出來作揖
虞華軒進去拜了叔祖母的神主奉主升車他
家租了一个破亭子兩條匾担四个鄉里人歪

擡着也沒有執事亭子前四个吹手滴滴打打的吹着擡上街來虞華軒同他堂弟跟着一直送到祠門口歇下遠遠望見也是兩个破亭子並無吹手余大先生二先生弟兄兩个跟着擡來祠門口歇下四个人會着彼此作了揖看見祠門前尊經閣上掛着燈懸着綵子擺着酒席那閣蓋的極高大又在街中間四面都望見戲子一担担挑箱上去擡亭子的人道方老爺家的戲子來了又站了一會聽得西門三聲銃響

擡亭子的人道方府老太太起身了須臾街上鑼響一片鼓樂之聲兩把黄傘八把旂四隊踹街馬牌上的金字打着禮部尚書翰林學士提督學院狀元及第都是余虞兩家送的執事過了腰鑼馬上吹提爐簇擁着老太太的主亭子邊旁八个大脚婆娘扶着方六老爺紗帽圓領跟在亭子後後邊的客做兩班一班是鄉紳一班是秀才鄉紳是彭二老爺彭三老爺彭五老爺彭七老爺其餘就是余虞兩家的舉人進士

貢生監生共有六七十位都穿着紗帽圓領恭恭敬敬跟着走一班是余虞兩家的秀才也有六七十位穿着襴衫頭巾慌慌張張在後邊趕着走鄉紳末了一个是唐二棒椎手裏拏一个簿子在那裡邊記賬秀才末了一个是唐三痰手裡拿一个簿在裡邊記賬那余虞兩家到底是詩禮人家也還厚道走到祠前看見本家的亭子在那里竟有七八位走過來作一个揖便大家簇擁着方老太太的亭子進祠去了隨後

便是知縣學師典史把總擺了執事來吹打安位便是知縣祭學師祭典史祭把總祭鄉紳祭秀才祭主人家自祭祭完了紳衿一鬨而出都到尊經閣上赴席去了這裡等人擠散了才把亭子擡了進去也安了位虞家還有華軒備的一个祭桌余家只有大先生備的一副三牲也祭奠了擡了祭桌出來沒處享福算計借一个門斗家坐坐余大先生擡頭看尊經閣上繡衣朱履觥籌交錯方六老爺行了一回禮拘束狠

了寬去了紗帽圓領換了方巾便服在閣上廊
沿間徘徊徘徊便有一个賣花牙婆姓權大着
一雙脚走上閣來哈哈笑道我來看老太太入
祠方六老爺笑容可掬同他站在一處伏在闌
干上看執事方六老爺拿手一宗一宗的指着
說與他聽權賣婆一手扶着欄干一手拉開褲
腰捉虱子捉着一个一个往嘴裏送余大先生
看見這般光景看不上眼說道表弟我們也不
在這裏坐着吃酒了把祭桌擡到你家我同舍

第一同到你家坐坐罷還不看見這些惹氣的事便叫挑了祭桌前走他四五个人一路走着在街上余大先生道表弟我們縣裏禮義廉耻一總都滅絕了也因學宫裡没有个好官若是放在南京虞博士那裏這樣事如何行的去余二先生道看虞博士那般舉動他也不要禁止人怎樣只是被了他的德化那非禮之事人自然不能行出來虞家弟兄幾个同歎了一口氣一同到家吃了酒各自散了此時元武閣已經

動工虞華軒每日去監工修理那日晚上回來
成老爹坐在書房裏虞華軒同他作了揖拿茶
吃了問道前日節孝入祠老爹爲甚麽不到成
老爹道那日我要到的身上有些病不會來的
成舍弟下鄉去說是熱鬧的狠方府的執事擺
了半街王公同彭府上的人都在那里送尊經
閣擺席唱戲四鄉八鎮幾十里路的人都來看
說若要不是方府怎做的這樣大事你自然也
在閣上偏我吃酒虞華軒道老爹你就不覺得

我那日要送我家八房的叔祖母成老爹冷笑道你八房裏本家窮的有腿沒褲子你本家的人那个肯到他那里去連你這話也是哄我頑你一定是送方老太太的虞華軒道這事已過不必細講了吃了晚飯成老爹說那分田的賣主和中人都上縣來了住在寶林寺裡你若要他這田明日就可以成事虞華軒道我要就是了成老爹道還有一个說法這分田全然是我來說的我要在中間打五十兩銀子的背公要

在你這裡除給我我還要到那邊要中用錢去虞華軒道這个何消說老爹是一个元寶當下把租頭句價銀句戥銀句銀色句雞句草句小租句酒水句畫字句上業主句都講清了成老爹把賣主中人都約了來大清早坐在虞家廳上成老爹進來請大爺出來成契走到書房裡只見有許多木匠瓦匠在那裡領銀子虞華軒捧着多少五十兩一錠的大銀子散人一个時辰就散掉了幾百兩成老爹看着他散完了叫

他出去成田契虞華軒睁着眼道那田賣了我不要成老爹嚇了一个痴虞華軒道老爹我當眞不要了便吩咐小厮到廳上把那鄉里的幾个泥腿替我趕掉了成老爹氣的愁眉苦臉只得自已走出去回那幾个鄉里人去了只因這一番有分教身離惡俗門牆又見儒修客到名邦晉接不逢賢哲畢竟後事如何且聽下回分解

此篇重新把虞華軒提出刻劃一翻是文章

之變體提清薄俗澆漓色色可惡惟是見了銀子未免眼熱只此一端華軒頗可以自豪以伏後文不買田之局是國手布子步步照應

成老爹往方家喫飯一段閱者雖欲不絕倒不可得已

寫唐二棒椎眞能入木三分看他既會太尊又以不得同公子詭飲爲恨此人脾胃眞難調攝不知追逐勢利塲中如之何而後可以

頭得意也

入節孝祠一段作者雖以諧語出之其實處處皆淚痕也薄俗澆漓人情冷暖烏衣子弟觸目傷心文中處處撫膺慟士是通身筋節

儒林外史第四十八回

徽州府烈婦殉夫　泰伯祠遺賢感舊

話說余大先生在虞府坐館早去晚歸習以爲常那日早上起來洗了臉吃了茶要進館去纔走出大門只見三騎馬進來下了馬向余大先生道喜大先生問是何喜事報錄人拏出條子來看知道是選了徽州府學訓導余大先生歡喜待了報錄人酒飯打發了錢去隨卽虞華軒來賀喜親友們都來賀余大先生出去拜客忙

了幾天料理到安慶領憑領憑回來帶家小到任大先生邀二先生一同到任所去二先生道哥寒氊一席初到任的時候只怕日用還不足我在家裏罷大先生道我們老弟兄相聚得一日是一日從前我兩个人各處坐館動不動兩年不得見面而今老了只要弟兄兩个多聚幾時那有飯喫沒飯喫也且再商量料想做官自然好似坐館二弟你同我去二先生應了一同收拾行李來徽州到任大先生本來極有文名

徽州人都知道如今來做官徽州人聽見个个
歡喜到任之後會見大先生胸懷坦白言語爽
利這些秀才們本不來會的也要來會會人人
自以爲得明師又會着二先生談談的都是
些有學問的話衆人越發欽敬每日也有幾个
秀才來往那日余大先生正坐在廳上只見外
面走進一个秀才來頭戴方巾身穿舊寶藍直
裰面皮深黑花白鬍鬚約有六十多歲光景那
秀才自己手裡拏着帖子遞與余大先生余大

先生看帖子上寫着門生王蘊那秀才遞上帖子拜了下去余大先生回禮說道年兄莫不是尊字玉輝的麼王玉輝道門生正是余大先生道玉兄二十年聞聲相思而今才得一見我和你只論好弟兄不必拘這些俗套們請到書房裏去坐叫人請二老爺出來二先生出來同王玉輝會着彼此又道了一番相慕之意三人坐下王玉輝道門生在學裏也做了三十年的秀才是个迂拙的人往年就是本學老師門生也

不過是公堂一見而已而今因大老師和世叔
來是兩位大名下所以要時常來聆老師和世
叔的教訓要求老師不認做大槩學裡門生竟
要把我做个受業弟子纔好余大先生道老哥
你我老友何出此言二先生道一向知道吾兄
清貧如今在家可做館長年何以爲生王玉輝
道不瞞世叔說我生平立的有个志向要纂三
部書嘉惠來學余大先生道是那三部王玉輝
道一部禮書一部字書一部鄉約書二先生道

禮書是怎麽樣王玉輝道禮書是將三禮分起
類來如事親之禮敬長之禮等類將經文大書
下面採諸經子史的話印証教子弟們自幼習
學大先生道這一部書該頒于學宮通行天下
請問字書是怎麽樣王玉輝道字書是七年識
字法其書已成就送來與老師細閱二先生道
字學不講久矣有此一書爲功不淺請問鄉約
書怎樣王玉輝道鄉約書不過是添些儀制勸
醒愚民的意思門生因這三部書終日手不停

撥所以沒的工夫做館大先生道幾位公郎王玉輝道只得一个小兒到有四个小女大小女守節在家裏那幾个小女都出閣不上一年多說着余大先生留他吃了飯將門生帖子退了不受說罷我們老弟兄要時常屈你來談談料不嫌我苜宿風味怠慢你弟兄兩个一同送出大門來王先生慢慢回家他家離城有十五里王玉輝回到家裡向老妻和兒子說余老師這些相愛之意次日余大先生坐轎子下鄉親自

來拜留着在草堂上坐了一會去了又次日二先生自已走來領着一个門斗挑着一石米走進來會着王玉輝作揖坐下二先生道這是家兄的祿米一石又手裡拏出一封銀子來道這是家兄的俸銀一兩送與長兄先生權爲數日薪水之資王玉輝接了這銀子口裏說道我小姪沒有孝敬老師和世叔怎反受起老師的惠來余二先生笑道這个何足爲奇只是貴處這學署淸苦兼之家兄初到虞博士在南京幾十

兩的拏着送與名士用家兄也想學他王玉輝
道這是長者賜不敢辭只得拜受了備飯留二
先生坐拏出這三樣書的稿子來遞與二先生
看二先生細細看了不勝歎息坐到下午時分
只見一个人走進來說道王老爹我家相公病
的狠相公娘叫我來請老爹到那裡去看看請
老爹就要去王玉輝向二先生道這是第三个
小女家的人因女婿有病約我去看二先生道
如此我别過罷尊作的稿了帶去與家兄看看

畢再送過來說罷起身那門斗也吃了飯挑着一担空蘿將書稿子丢在蘿裏挑着跟進城去了王先生走了二十里到了女婿家看見女婿果然病重醫生在那里看用着藥總不見效一連過了幾天女婿竟不在了王玉輝慟哭了一場見女兒哭的天愁地慘候着丈夫入過殮出來拜公婆和父親道父親在上我一个大姐姐死了丈夫在家累着父親養活而今我又死了丈夫難道又要父親養活不成父親是寒士也

養活不來這許多女兒王玉輝道你如今要怎樣三姑娘道我而今辭別公婆父親也便尋一條死路跟着丈夫一處去了公婆兩个聽見這句話驚得淚下如雨說道我兒你氣瘋了自古螻蟻尚且貪生你怎麼講出這樣話來你生是我家人死是我家鬼我做公婆的怎的不養活你要你父親養活快不要如此三姑娘道爹媽也老了我做媳婦的不能孝順爹媽反累爹媽我心裏不安只是由着我到這條路上去罷只

是我死還有幾天工夫要求父親到家替母親說了請母親到這裏來我當面別一別這是要緊的王玉輝道親家我仔細想來我這小女要殉節的眞切倒也由着他行罷自古心去意難留因向女兒道我兒你既如此這是青史上留名的事我難道反攔阻你你竟是這樣做罷我今日就回家去叫你母親來和你作別親家再三不肯王玉輝執意一徑來到家裏把這話向老孺人說了老孺人道你怎的越老越獃了

个女兒要死你該勸他怎麼倒叫他死這是甚麽話說王玉輝道這樣事你們是不曉得的老孺人聽見痛哭流涕連忙叫了轎子去勸女兒到親家家去了王玉輝在家依舊看書寫字候女兒的信息老孺人勸女兒那裏勸的轉一般每日梳洗陪着母親坐只是茶飯全然不喫母親和婆婆着實勸着千方百計總不肯喫餓到六天上不能起床母親看着傷心慘目痛入心脾也就病倒了擡了回來在家睡着又過了三

日二更天氣幾把火把幾个人來打門報道三姑娘餓了八日在今日午時去世了老孺人總見哭死了過去灌醒回來大哭不止王玉輝走到床面前說道你這老人家真正是个獃子三女兒他而今已是成了仙了你哭他怎的他這死的好只怕我將來不能像他這一个好題目死哩因仰天大笑道死的好死的好大笑着走出房門去了次日余大先生知道大驚不勝憐然卽備了香楮三牲到靈前去拜奠拜奠過回

衙門立刻傳書辦備文書請旌烈婦二先生幫着趕造文書連夜詳了出去二先生又備了禮來祭奠三學的人聽見老師如此隆重也就紛紛來祭奠的不計其數過了兩个月上司批准下來製主入祠門首建坊到了入祠那日余大先生邀請知縣擺齊了執事送烈女入祠闔縣紳衿都穿着公服步行了送當日入祠安了位知縣祭本學祭余大先生祭闔縣鄉紳祭通學朋友祭兩家親戚祭兩家本族祭祭了一天在

明倫堂擺席通學人要請了王先生來上坐說他生這樣好女兒爲倫紀生色王玉輝到了此時轉覺心傷辭了不肯來衆人在明倫堂吃了酒散了次日王玉輝到學署來謝余大先生余大先生二先生都會着留着喫飯王玉輝說起在家日日看見老妻悲慟心下不忍意思要到外面去作遊幾時又想要作遊除非到南京去那裏有極大的書房還可逗着他們刻這三部書余大先生道老哥要往南京可惜虞博士去

了若是虞博士在南京見了此書賞揚一番就有書坊搶的刻去了二先生道先生要往南京哥如今寫一封書子去與少卿表弟和紹光先生這人言語是值錢的大先生欣然寫了幾封字莊徵君杜少卿遲衡山武正字都有王玉輝老人家不能走旱路上船從嚴州西湖這一路走一路看着水色山光悲悼女兒悽悽惶惶一路來到蘇州正要換船心裏想起我有一个老朋友住在鄧尉山裏他最愛我的書我何不去

看看他便把行李搬到山塘一个飯店裏住下搭船往鄧尉山那還是上晝時分這船到晚才開王玉輝問飯店的人道這裡有甚麼好頑的所在飯店裡人道這一上去只得六七里路便是虎邱怎麼不好頑王玉輝鎖了房門自己走出去初時街道還窄走到三二里路漸漸濶了路旁一个茶館王玉輝走進去坐下吃了一碗茶看見那些遊船有極大的裏邊雕梁畫柱焚着香擺着酒席一路遊到虎邱去遊船過了多

少又有幾隻堂客船不掛簾子都穿着極鮮豔的衣服在船裏坐着吃酒王玉輝心裏說道這蘇州風俗不好一个婦人家不出閨門豈有个叫了船在這河內遊蕩之理又看了一會見船上一个少年穿白的婦人他又想起女兒心裡哽咽那熱淚直滾出來王玉輝忍着淚出茶館門一直往虎邱那條路上去只見一路賣的腐乳蓆子耍貨還有那四時的花卉極其熱鬧也有賣酒飯的也有賣點心的王玉輝老人家足

力不濟慢慢的走了許多時才到虎邱寺門口循着階級上去轉灣便是千人石那裏也擺着有茶桌子王玉輝坐着吃了一碗茶四面看看其實華麗那天色陰陰的像个要下雨的一般王玉輝不能久坐便起身來走出寺門走到半路王玉輝餓了坐在點心店裡那猪肉包子六个錢一个王玉輝吃了交錢出店門慢慢走回飯店天已昏黑船上人催着上船王玉輝將行李拿到船上幸虧雨不曾下的大那船連夜的

走一直來到鄧尉山找着那朋友家裡只見一帶矮矮的房子門前垂柳掩映兩扇門關着門上貼了白王玉輝就嚇了一跳忙去敲門只見那朋友的兒子挂着一身的孝出來開門見了王玉輝說道老伯如何今日才來我父親那日不想你直到臨回首的時候還念着老伯不曾得見一面又恨不曾得見老伯的全書王玉輝聽了知道這个老朋友已死那眼睛裏熱淚紛紛滚了出來說道你父親幾時去世的那孝子

道還不曾盡七王玉輝道靈柩還在家裡那孝子道還在家裡王玉輝道你引我到靈柩前去那孝子道老伯且請洗了臉吃了茶再請老伯進來當下就請王玉輝坐在堂屋裡等水來洗了臉王玉輝不肯等吃了茶叫那孝子領到靈柩前孝子引進中堂只見中間奉着靈柩面前香爐燭臺遺像魂旛王玉輝慟哭了一場倒身拜了四拜那孝子謝了王玉輝吃了茶又將自已盤費買了一副香紙牲醴把自己的香一同

擺在靈柩前祭奠又慟哭了一場住了一夜次日要行那孝子留他不住又在老朋友靈柩前辭行又大哭了一場含淚上船那孝子直送到船上方才回去王玉輝到了蘇州又換了船一路來到南京水西門上岸進城尋了个下處在牛公庵住下次日拏着書子去尋了一日回來那知因虞博士選在浙江做官杜少卿尋他去了莊徵君到故鄉去修祖墳遲衡山武正字都到遠處做官去了一个也遇不着王玉輝也不

懊悔聽其自然每日在牛公庵看書過了一个多月盤費用盡了上街來閒走走纔走到巷口遇着一个人作揖叫聲老伯怎的在這里王玉輝看那人原來是同鄉人姓鄧名義字質夫這鄧質夫的父親是王玉輝同案進學鄧質夫進學又是王玉輝做保結故此稱是老伯王玉輝道老姪幾年不見一向在那里鄧質夫道老伯寓在那里王玉輝道我就在前面這牛公庵裏不遠鄧質夫道且同到老伯下處去到了下處

鄧質夫拜見了說道小姪自別老伯在揚州這四五年近日是東家托我來賣上江食鹽寓在朝天宮一向記念老伯近況好麼爲甚麼也到南京來王玉輝請他坐下說道賢姪當初令堂老夫人守節鄰家失火令堂對天祝告反風滅火天下皆聞那知我第三个小女也有這一番節烈因悉把女兒殉女婿的事說了一遍我因老妻在家哭泣心裏不忍府學余老師寫了幾封書子與我來會這裡幾位朋友不想一个也

會不着鄧質夫道是那幾位王玉輝一一說了鄧質夫歎道小姪也恨的來遲了當年南京有虞博士在這里名壇鼎盛那泰伯祠大祭的事天下皆聞自從虞博士去了這些賢人君子風流雨散小姪去年來曾會着杜少卿先生又因少卿先生在元武湖拜過莊徵君而今都不在家了老伯這寓處不便且搬到朝天宮小姪那里寓些時王玉輝應了別過和尚付了房錢叫人挑行里同鄧質夫到朝天宮寓處住下鄧質

夫晚間備了酒肴請王玉輝吃着又說起泰伯祠的話來王玉輝道泰伯祠在那里我明日要去看看鄧質夫道我明日同老伯去次日兩人出南門鄧質夫帶了幾分銀子把與看門的開了門進到正殿兩人瞻拜了走進後一層樓底下遲衡山貼的祭祀儀注单和派的執事单還在壁上兩人將袖子拂去塵灰看了又走到樓上見八張大櫃關鎖着樂器祭器王玉輝也要看看祠的人回鑰匙在遲府上只得罷了下來

兩廊走走兩邊書房都看了一直走到省牲所
依舊出了大門別過看祠的兩人又到報恩寺
頑頑在琉璃塔下吃了一壺茶出來寺門口酒
樓上吃飯王玉輝向鄧質夫說久在客邊煩了
要回家去只是沒有盤纏鄧質夫道老伯怎的
這樣說我這裏料理盤纏送老伯回家去便偹
了餞行的酒拏出十幾兩銀子來又僱了轎夫
送王先生回徽州去又說道老伯你雖去了把
這余先生的書交與小姪等各位先生回來小

姪送與他們也見得老伯來走了一回王玉輝道這最好便把書子交與鄧質夫起身回去了王玉輝去了好些時鄧質夫打聽得武正字已到家把書子自己送去正值武正字出門拜客不曾會着丟了書子去了向他家人說這書是我朝天宮姓鄧的送來的其中緣由還要當面會再說武正字回來看了書正要到朝天宮去回拜恰好高翰林家着人來請只因這一番有分教賓朋高宴又來奇異之人患難相扶更出

武勇之輩畢竟後事如何且聽下回分解

王玉輝真古之所謂書獃子也其獃處正是人所不能及處觀此人知其臨大節而不可奪人之能於五倫中慷慨決斷做出一番事業者必非天下之乖人也

老孺人以玉輝為獃王玉輝亦以老孺人為獃前後兩个獃字照應成趣

寫烈婦入祠一段特特與五河縣對照

看泰伯祠一段淒清婉轉無限憑弔無限悲

感非此篇之結束乃全部大書之結束筆力文情兼擅其美

儒林外史第四十

儒林外史第四十九回

翰林高談龍虎榜　　中書冒占鳳凰池

話說武正字那日回家正要同拜鄧質夫外面傳進一副請帖說翰林院高老爺家請明日去陪客武正字對來人說道我去回拜了一个客即客就來你先回覆老爺去罷家人道家老爺多拜上老爺請的是浙江一位萬老爺是家老爺從前拜盟的弟兄就是請老爺同遲老爺會會此外就是家老爺親家秦老爺武正字聽見

有遲衡山也就勉强應允了回拜了鄧質夫彼此不相值午後高府來邀了兩次武正字纔去高翰林接着會過了書房裏走出施御史秦中書來也會過了纔喫着茶遲衡山也到了高翰林又叫管家去催萬老爺因對施御史道這萬敝友是浙江一個最有用的人一筆的好字二十年前學生做秀才的時候在揚州會着他他那時也是個秀才他的舉動就有些不同那時鹽務的諸公都不敢輕慢他他比學生在那邊

更覺的得意些自從學生進京後彼此就疏失了前日他從京師回來說已由序班授了中書將來就是秦親家的同衙門了秦中書笑道我的同寅爲甚要親翁做東道明日乞到我家去說着萬中書已經到門傳了帖高翰林拱手立在廳前滴水下叫管家請轎開了門萬中書從門外下了轎急趨上前拜揖敘坐說道蒙老先生見召實不敢當小弟二十年別懷也要借尊酒一敘但不知老先生今日可還另有外客高

翰林道今日並無外客就是侍御施老先生同敝親家秦中翰還有此處兩位學中朋友一位姓武一位姓遲現在西廳上坐着哩萬中書便道請會管家去請四位客都過正廳來會過施御史道高老先生相招奉陪老先生萬中書道小弟二十年前在揚州得見高老先生那時高老先生還未曾高發那一段非凡氣魄小弟便知道後來必是朝廷的柱石自高老先生發解之後小弟遨遊四方却不曾到京師一晤去年

小弟到京不料高老先生却又養望在家了所以昨在揚州幾個敝相知處有事只得繞道來聚會一番天幸又得接老先生同諸位先生的敎秦中書道老先生貴班甚時補得着出京來却是爲何萬中書道中書的班次進士是一途監生是一途學生是就的辦事職銜將來終身都脫不得這兩個字要想加到翰林學士料想是不能了近來所以得缺甚難秦中書道就了不做官這就不如不就了萬中書丟了這邊便

向武正字遲衡山道二位先生高才久屈將來定是大器晚成的就是小弟這就職的事原算不得始終還要從科甲出身遲衡山道弟輩碌碌怎比老先生大才武正字道高老先生原是老先生同盟將來自是難兄難弟可知說着小厮來稟道請諸位老爺西廳用飯高翰林道先用了便飯好慢慢的談談衆人到西廳飯畢高翰林叫管家開了花園門請諸位老爺看看衆人從西廳右首一個月門內進去另有一道長

粉墻墻角一個小門進去便是一帶走廊從走廊轉東首下石子堦便是一方蘭圃這時天氣溫和蘭花正放前面石山石屏都是人工堆就的山上有小亭可以容三四人屏旁置磁墩兩個屏後有竹子百十竿竹子後面映着些矮矮的朱紅闌干裏邊圍着些未開的芍藥高翰林同萬中書携着手悄悄的講話直到亭子上去了施御史同着秦中書就隨便在石屏下閒坐遲衡山同武正字信步從竹子裏面走到芍藥

蘭邊遲衡山對武書道園子到也還潔淨只是少些樹木武正字道這是前人說過的亭沼譬如爵位時來則有之樹木譬如名節非素修弗能成說着只見高翰林同萬中書從亭子裡走下來說道去年在莊濯江家看見武先生的紅芍藥詩如今又是開芍藥的時候了當下主客六人閒步了一回從新到西廳上坐下管家叫茶上點上一巡攢茶遲衡山問萬中書道老先生貴省有個他做友是處州人不知老先生可

曾會過萬中書道處州最有名的不過是馬純上先生其餘在學的朋友也還認得幾個但不知令友是誰遲衡山道正是這馬純上先生萬中書道馬二哥是我同盟的弟兄怎麼不認得他如今進京去了他進了京一定是就得手的武書忙問道他至今不曾中舉他爲甚麼進京萬中書道學道三年任滿保題了他的優行這進京倒是個功名的捷徑所以曉得他就得手的施御史在旁道這些異路功名弄來弄去

始終有限有操守的到底要從科甲出身遲衡山道上年他來做地小弟看他實在舉業上講究的不想這些年還是个秀才出身可見這舉業二字原是个無凴的高翰林道遲先生你這話就差了我朝二百年來只有這一樁事是絲毫不走的摩元得元摩魁得魁那馬純上講的舉業只算得些門面話其實此中的奧妙他全然不知他就做三百年的秀才考二百个案首進了大場總是沒用的武正字道難道大場裡

同學道是兩樣看法不成高翰林道怎麼不是兩樣凡學道考得起的是大塲裏再也不會中的所以小弟未曾僥倖之先只一心去揣摩大塲學道那里時常考个三等也罷了萬中書道老先生的元作敝省的人個個都揣摩爛了高翰林道老先生揣摩二字就是這舉業的金針了小弟鄉試的那三篇拙作沒有一句話是肚撰字字都是有來歷的所以纔得僥倖若是不知道揣摩就是聖人也是不中的那馬先生講

了半生講的都是些不中的舉業他要曉得揣摩二字如今也不知做到甚麼官了萬中書道老先生的話眞是後輩的津梁但這馬二哥却要算一位老學小弟在揚州敝友家見他著的春秋倒也甚有條理高翰林道再也莫提起這話敝處這里有一位莊先生他是朝廷徵召過的而今在家閉門註易前日有個朋友和他會席聽見他說馬純上知進而不知退直是一條小小的亢龍無論那馬先生不可比做亢龍只

把一個現活着的秀才拏來解聖人的經這也就可笑之極了武正字道老先生此話也不過是他偶然取笑要說活着的人就引用不得當初文王周公爲甚麽就引用微子箕子後來孔子爲甚麽就引用顏子那時這些人也都是活的高翰林道足見先生博學小弟專經是毛詩不是周易所以未曾考核得清武正字道提起毛詩兩字越發可笑了近來這些做舉業的泥定了朱註越講越不明白四五年前天長杜少

鄉先生纂了一部詩說引了些漢儒的說話朋友們就都當作新聞可見學問兩個字如今是不必講的了遲衡山道這都是一偏的話依小弟看來講學問的只講學問不必問功名講功名的只講功名不必問學問若是兩樣都要講弄到後來一樣也做不成說着管家來稟請上席高翰林奉了萬中書的首座施侍御的二座遲先生三座武先生四座秦親家五座自已坐了主位三席酒就擺在西廳上面酒餚十分齊

整却不曾有戲席中又談了些京師裏的朝政說了一會遲衡山向武正字道自從虞老先生離了此地我們的聚會也漸漸的就少了少頃轉了席又點起燈燭來喫了一巡萬中書起身辭去秦中書拉着道老先生一來是敝親家的同盟就是小弟的親翁一般二來又忝在同班將來補選了大概總在一處明日千萬到舍間一敘小弟此刻回家就具過柬來又回頭對衆人道明日一個客不添一个客不減還是我們

照舊六個人遲衡山武正字不會則一聲施御史道極好但是小弟明日打點屈萬老先生坐坐的這個竟是後日罷萬中書道學生昨日纔到這里不料今日就擾高老先生諸位老先生尊府還不會過來奉謁那里有個就來叨擾的高翰林道這個何妨做親家是貴同衙門這個比別人不同明日只求早光就是了萬中書含糊應允了諸人都辭了主人散了回去當下秦中書回家寫了五副請帖差長班送了去請萬

老爺施老爺遲相公武相公高老爺又發了一張傳戲的溜子叫一班戲次日清晨伺候又發了一個諭帖諭門下總管叫茶廚伺候酒席要體面些次日萬中書起來想道我若先去拜秦家恐怕拉住了那時不得去拜衆人他們必定就要怪只說我檢有酒吃的人家跑不如先拜了衆人再去到秦家隨即寫了四副帖子先拜施御史御史出來會了曉得就要到秦中書家吃酒也不曾款留隨即去拜遲相公遲衙山家

回那晚因修理學宮的事連夜出城往句容去了只得又拜武相公武正字家回相公昨日不曾回家來家的時節再來回拜罷是日早飯時候萬中書到了秦中書家只見門口有一箭闊的青墻中間縮着三號却是起花的大門樓轎子沖着大門立定只見大門裏粉屏上帖着紅紙硃標的內閣中書的封條兩旁站着兩行雁翅的管家管家脊背後便是執事上的帽架子上首還貼着兩張為禁約事的告示帖子傳了

進去秦中書迎出來開了中間屏門萬中書下了轎拉着手到廳上行禮叙坐拜茶萬中書道學生叨在班末將來凡事還要求提携今日有個賤名在此只算先來拜謁叨擾的事容學生再來另謝秦中書道做親家道及老先生十分大才將來小弟設若竟補了老先生便是小弟的泰山了萬中書道令親臺此刻可曾來哩秦中書道他早間差人來說今日一定到這里來此刻也差不多了說着高翰林施御史兩乘轎

已經到門下了轎走進來了敘了坐吃了茶高翰林道秦親家那遲年兄同武年兄這時也該來了秦中書道又差人去邀了萬中書道武先生或者還來那遲先生是不來的了高翰林道老先生何以見得萬中書道早間在他兩家奉拜武先生家回昨晚不曾回家遲先生因修學宮的事往句容去了所以曉得遲先生不來施御史道這兩個人却也作怪但凡我們請他十回到有九回不到若說他當眞有事做秀才的

那里有這許多事若說他做身分一個秀才的身分到那里去秦中書道老先生同敝親家在此那二位來也好不來也罷萬中書道那二位先生的學問想必也還是好的高翰林道那里有甚麼學問有了學問到不做老秀才了只因上年國子監裏有一位虞博士着實作興這幾個人因而大家聯屬而今也漸漸淡了正說着忽聽見左邊房子裏面高聲說道妙妙衆人都覺詫異秦中書叫管家去書房後面去看是甚

厮八喧嚷管家來稟道是二老爺的相與鳳四老爺秦中書道原來鳳老四在後面何不請他來談談管家從書房裡去請了出來只見一個四十多歲的大漢兩眼圓睜雙眉直豎一部極長的烏鬚垂過了胸膛頭戴一頂力士巾身穿一領元色緞緊袖袍脚端一雙尖頭靴腰束一條絲鸞縧肘下掛着小刀子走到廳中間作了一個總揖便說道諸位老先生在此小子在後面却不知道失陪的緊秦中書拉着坐了便指

着鳳四爹對萬中書道這位鳳長兄是敝處這邊一個極有義氣的人他的手底下實在有些講究而且一部易經記的爛熟的他若是遇一個勁那怕幾千觔的石塊打落在他頭上身上他會絲毫不覺得這些時舍弟留他在舍間早晚請教學他的技藝萬中書道這個品貌原是个奇人不是那手無縛雞之力的秦中書又向鳳四老爹問道你方才在裏邊連叫妙妙却是爲何鳳四老爹道這不是我是你令弟令弟纔

說人的力氣到底是生來的我就教他提了一段氣着人拏推捧打越打越不疼他一時喜歡起來在那里說妙萬中書向秦中書道令弟老先生在府何不也請出來會會秦中書叫管家進去請那秦二儜子已從後門裡騎了馬進小營看試箭法了小廝們來請到內廳用飯飯畢小廝們又從內廳左首開了門請諸位老爺進去閒坐萬中書同着衆客進來原來是兩個對廳比正廳略小些却收拾得也還精緻衆人隨

便坐了茶上捧進十二樣的攢茶來一個十一二歲的小厮又向爐內添上些香萬中書暗想道他們家的排塲畢竟不同我到家何不竟做起來只是門面不得這樣大現任的官府不能叫他來上門也沒有他這些手下人伺候正想着一個穿花衣的末脚拏着一本戲目走上來打了搶跪說道請老爺先賞兩齣萬中書讓過了高翰林施御史就點了一齣請宴一齣餞別施御史又點了一齣五臺高翰林又點了一齣

追信末脚拏笏板在旁邊寫了拏到戲房裏去扮當下秦中書又叫點了一齣清茶管家來禀道請諸位老爺外邊坐衆人陪着萬中書從對廳上過來到了二廳看見做戲的塲口已經鋪設的齊楚兩邊放了五把圈椅上面都是大紅盤金椅搭依次坐下長班帶着全班的戲子都穿了脚色的衣裳上來禀叅了全塲打鼓板纔立到沿口輕輕的打了一下鼓板只見那貼旦裝了一個紅娘一扭一捏走上塲來長班又上

來打了一個搶跪禀了一聲賞坐那吹手們纔坐下去這紅娘纔唱了一聲只聽得大門口忽然一棒鑼聲又有紅黑帽子吆喝了進來衆人都疑惑請宴裏面從沒有這個做法的只見管家跪進來說不出話來早有一個官員頭戴紗帽身穿玉色緞袍脚下粉底皂靴走上廳來後面跟着二十多個快手當先兩個走到上面把萬中書一手揪住用一條鉄鍊套在頸子裏就採了出去那官員一言不發也就出去了衆人

嚇的面面相覷只因這一番有分教黎園子弟從今笑煞鄉紳萍水英雄一力擔承患難未知後面如何且聽下回分解

虞博士既去以後皆餘文矣作者正恐閱者笑其江淹才盡無復能如前此之驚奇炫異劌心怵目故且借一最熱之高翰林引出萬中書一段事寫萬中書者又爲寫鳳四老爹之陪筆至于鳳四老爹之爲人又別有一種性情氣概不與衆人同何其出奇之無窮也

秦中書家會席乃所謂飲食地獄也既曰地獄則不得不有地獄變相席上無端闖進一個官生拿活捉套了一個客去雖謂之牛頭夜义也亦可

儒林外史第五十回

假官員當街出醜　眞義氣代友求名

話說那萬中書在秦中書家廳上看戲突被一個官員帶領捕役進來將他鎖了出去嚇得施御史高翰林秦中書面面相覷摸頭不着那戲也就剪住了衆人定了一會施御史向高翰林道貴相知此事老先生自然曉得个影子高翰林道這件事情小弟絲毫不知但是剛才方縣尊也太可笑何必妝這个模樣秦中書又埋怨

道姻弟席上被官府鎖了客去這個臉面却也不甚好看高翰林道老親家你這話差了我坐在家裏怎曉得他有甚事況且拏去的是他不是我怕人怎的說着管家又上來稟道戲子們請老爺的示還是伺候還是回去秦中書道客犯了事我家人沒有犯事爲甚的不唱大家又坐着看戲只見鳳四老爹一個人坐在遠遠的望着他們冷笑秦中書瞥見問道鳳四哥難道這件事你有些曉得鳳四老爹道我如何得曉

得秦中書道你不曉得爲甚麽笑鳳四老爹道我笑諸位老先生好笑人已拏去急他則甚依我的愚見到該差一个能幹人到縣裏去打探打探到底爲的甚事一來也曉得下落二來也曉得可與諸位老爺有碍施御史忙應道這話是的狠秦中書也連忙道是的狠是的狠當下差了一个人叫他到縣裏打探那管家去了這里四人坐下戲子從新上來做了請宴又做餞别施御史指着對高翰林道他纔這兩齣戲點

的就不利市纔請宴就餞別弄得宴還不算請別到餞過了說着又唱了一齣五臺纔要做追信那打探的管家回來了走到秦中書面前說連縣裏也找不清小的會着了刑房蕭二老爹纔託人抄了他一張牌票來說着遞與秦中書看衆人起身都來看是一張竹紙抄得潦潦草草的上寫着臺州府正堂祁爲海防重地等事奉巡撫浙江都察院鄒憲行叅革臺州總兵苗而秀案內要犯一名萬里即萬青雲係本府已

華生員身中面黃微鬚年四十九歲潛逃在外現奉親提爲此除批差緝外合亟通行凡在緝獲地方仰縣即時添差拏獲解府詳審慎毋遲悞須至牌者又一行下寫右牌仰該縣官吏准此原來是差人拿了通緝的文憑投到縣裏這縣尊是浙江人見是本省巡撫親提的人犯所以帶人親自拿去的其實犯事的始末連縣尊也不明白高翰林看了說道不但人拿的糊塗連這牌票上的文法也在些糊塗此人說是

個中書怎麼是個已革生員就是已革生員怎麼拖到總兵的叅案裏去秦中書望着鳳四老爹道你方纔笑我們的你如今可能知道麼鳳四老爹道他們這種人會打聽甚麼等我替你去立起身來就走秦中書道你當真的去鳳四老爹道這個扯謊做甚麼說着就去了鳳四老爹一直到縣門口尋着兩個馬快頭那馬快頭見了鳳四老爹跟着他叫東就東叫西就西鳳四老爹叫兩個馬快頭引帶他去會浙江的差

人那馬快頭領着鳳四老爹一直到三官堂會着浙江的人鳳四老爹問差人道你們是台州府的差差人答道我是府差鳳四老爹道這萬相公到底爲的甚麼差人道我們也不知只是敝上人吩咐說是個要緊的人犯所以差了各省來緝老爹有甚吩咐我照顧就是了鳳四老爹道他如今現在那里差人道方老爺纔問了他一堂連他自己也說不明白如今寄在外監裏明日領了文書只怕就要起身老爹如今可

是要看他鳳四老爹道他在外監裏我自已去
看他你們明日領了文書干萬等我到這裏你
們再起身差人應允了鳳四老爹同馬快頭走
到監裏會着萬中書萬中書向鳳四老爹道小
弟此番大概是奇寃極枉了你回去替我致意
高老先生同秦老先生不知此後可能在會了
鳳四老爹又細細問了他一番只不得明白因
忖道這場官司須是我同到浙江去纔得明白
也不對萬中書說竟别了出監說明日再來奉

看了一氣回到秦中書家只見那戲子都已散了施御史也回去了只有高翰林還在這裏等信看見鳳四老爹回來忙問道倒底爲甚事鳳四老爹道眞正奇得緊不但官府不曉得連浙江的差人也不曉得不但差人不曉得連他自已也不曉得這樣糊塗事須要我同他到浙江去纔得明白秦中書道這也就罷了那個還管他這些閑事鳳四老爹道我的意思明日就要同他走走去如果他這官司利害我就帮他去審

爺也是會過這一場高翰林也怕日後拖累便攛掇鳳四老爹同去聽上送了十兩銀子到鳳家來說送鳳四老爹路上做盤纏鳳四老爹收了次日起來直到三官堂會着差人差人道老爹好早鳳四老爹同差人轉出灣到縣門口來到刑房裏會着蕭二老爹催着他清稿並送簽了一張解批又撥了四名長解皂差聽本官簽點批文用了印官府坐在三堂上叫值日的皂頭把萬中書提了進來台州府差也跟到宅門

口伺候只見萬中書頭上還戴着紗帽身上還穿着七品補服方縣尊猛想到他拿的是個已革的生員怎麽却是這樣服色又對明了人名年貌絲毫不誣因問道你到底是生員是官萬中書道我本是台州府學的生員今歲在京因書法端楷保舉中書職銜的生員不曾革過方知縣道授職的知照想未下來因有了官司撫臺將你生員咨革了也未可知但你是個浙江人本縣也是浙江人本縣也不難爲你你的事

你自已好好去審就是了因又想道他回去了地方官說他是個已革生員就可以動刑了我是個同省的人難道這點照應沒有隨在簽批上硃筆添了一行本犯萬里年貌與來文相符現今頭戴紗帽身穿七品補服供稱本年在京保舉中書職銜相應原身鎖解該差毋許須索亦毋得踈縱寫完了隨簽了一個長差趙昇又叫台州府差進去吩咐道這人比不得盜賊有你們兩個本縣這里添一個也彀了你們路上

須要小心些三個差人接了批文押着萬中書出來鳳四老爹接着問府差道你是解差們過清了指着縣差問道你是解差府差道過清了他是解差縣門口看見鎖了一個戴紗帽穿補服的人出來就圍了有兩百人看越讓越不開鳳四老爹道趙頭你住在那里趙昇道我就在轉灣鳳四老爹道先到你家去一齊走到趙昇家小堂屋裏坐下鳳四老爹叫趙昇把萬中書的鎖開了鳳四老爹脫下外面一件長衣來叫

萬中書脫下公服換了又叫府差到萬老爺寓處叫了管家來府差去了回來說管家都未回寓處想是逃走了只有行李還在寓處和尚却不肯發鳳四老爹聽了又除了頭上的帽子叫萬中書藏了自已只包着網巾穿着短衣說道這里地方小都到我家去萬中書同三个差人跟着鳳四老爹一直走到洪武街進了大門二層廳上立定萬中書納頭便拜鳳四老爹拉住道此時不必行禮先生且坐着便對差人道你

們三位都是眼亮的不必多話了你們都在我這里住着萬老爹是我的相與這塲官司我是要同了去的我却也不難爲你趙昇對來差道二位可有的說來差道鳳四老爹吩附這有甚麽說只求老爹作速些鳳四老爹道這個自然當下把三個差人送在廳對面一間空房裏說道此地權住兩日三位不妨就搬行李來三個差人把萬中書交與鳳四老爹竟都放心各自搬行李去了鳳四老爹把萬中書拉到左邊一

個書房裏坐着問道萬先生你的這件事不妨寔實的對我說就有天大的事我也可以幫襯你說含糊話那就罷了萬中書道我看老爹這個舉動自是個豪傑真人面前我也不說假話了我這塲官司倒不輸在台州府反要輸在江寧縣鳳四老爹道江寧縣方老爺待你甚好這是爲何萬中書道不瞞老爹說我寔在是个秀才不是個中書只因家下日計艱難沒奈何出來走走要說是個秀才只好喝風痾烟說是個

中書那些商家同鄉紳財主們纔肯有些照應不想今日被縣尊把我這服色同官職寫在批上將來解回去欽案都也不妨倒是這假官的官司吃不起了鳳四老爹沉吟了一刻道萬先生你假如是個真官回去這官司不知可得贏萬中書道我同苗總兵係一面之交又不會有甚過贓犯法的事量情不得大輸只要那里不曉得假官一節也就罷了鳳四老爹道你且住着我自有道理萬中書住在書房裏三個差人

也搬來住在廳對過空房裏鳳四老爹一面叫家里人料理酒飯一面自已走到秦中書家去秦中書聽見鳳四老爹來了大衣也沒有穿就走了出來問道鳳四哥事體怎麼樣了鳳四老爹道你還問哩閉門家里坐禍從天上來你還不曉得哩秦中書嚇的慌慌張張的忙問道怎的怎的鳳四老爹道怎的不怎的官司穀你打半生秦中書越發嚇得面如土色要問都問不出來了鳳四老爹道你說他倒底是個甚官秦

中書道他說是個中書鳳四老爹道他的中書還在判官那里造册哩秦中書道難道他是個假的鳳四老爹道假的何消說只是一場欽案官司把一個假官從尊府拿去那浙江廵撫本上也不要特參只消帶上一筆莫怪我說老先生的事只怕也就是滚水潑老鼠了秦中書聽了這些話瞪着兩隻白眼望着鳳四老爹道鳳四哥你是極會辦事的人如今這件事倒底怎樣好鳳四老爹道沒有怎樣好的法他的官司

不輸你的身家不破秦中書道怎能叫他官司不輸鳳四老爹道假官就輸眞官就不輸秦中書道他已是假的如何又得眞鳳四老爹道難道你也是假的秦中書道我是遵例保舉來的鳳四老爹道你保舉得他就保舉不得秦中書道就是保舉也不得及鳳四老爹道怎的不得及有了錢就是官現放着一位施老爺還怕商量不來秦中書道這就快些叫他辦鳳四老爹道他到如今辦他又不做假的了秦中書道依

你怎麽樣鳳四老爹道若要依我麽不怕拖官司竟自隨他去若要圖乾淨替他辦一個等他官司贏了來得了缺叫他一五一十算了來還你就是九折三分錢也不妨秦中書聽了這個話嘆了一口氣道這都是好親家拖累這一場如今却也沒法了鳳四哥銀子我竟出只是那要你辦去鳳四老爹道這就是水中撈月了這件事要高老先生去辦秦中書道爲甚的偏要他去鳳四老爹道如今施御史老爺是高老爺

的相好要懇着他作速照例寫揭帖揭到內閣存了案纔有用哩秦中書道鳳四哥果真你是見事的人隨即寫了一個帖子請高親家老爹來商議要話少刻高翰林到了秦中書會着就把鳳四老爹的話說了一遍高翰林連忙道這個我就去鳳四老爹在旁道這是緊急事秦老爺快把所以然交與高老爺去罷秦中書忙進去一刻叫管家捧出十二封銀子每封足紋一百兩交與高翰林道而今一半人情一半禮物

這原是我整出來的我也曉得閣裏還有些使費一總費親家的心奉託施老先生包辦了罷高翰林局住不好意思只得應允拿了銀子到施御史家託施御史連夜打發人進京辦去了鳳四老爹回到家裏一氣走進書房只見萬中書在椅子上坐着望哩鳳四老爹道恭喜如今是真的了隨將此事說了備細萬中書不覺倒身下去就磕了鳳四老爹二三十個頭鳳四老爹拉了又拉方纔起來鳳四老爹道明日仍舊

穿了公服到這兩家謝謝去萬中書道這是極該的但只不好意思說着差人走進來請問鳳四老爹幾時起身鳳四老爹道明日走不成竟是後日罷次日起來鳳四老爹擺着萬中書去謝高秦兩家兩家收了帖都回不在家却就回來了鳳四老爹又叫萬中書親自到承恩寺起了行李來鳳四老爹也收拾了行李同着三個差人竟送萬中書回浙江台州去審官司去了只因這一番有分教儒生落魄變成衣錦還鄉

御史回心惟恐一人負屈未知後事如何且聽下回分解

秦中書本小心怕事之人又被鳳四老爹蘇張之舌以利害嚇之不容不信讀之是一篇絕妙長短書

明朝中書有從進士出身者有從監生出身者原是兩途篇中所敘並非杜撰也

儒林外史第五十回

儒林外史第五十一回

少婦騙人折風月　壯士高興試官刑

話說鳳四老爹替萬中書辦了一個真中書纔自己帶了行李同三個差人送萬中書到台州審官司去這時正是四月初旬天氣溫和五個人都穿着单衣出了漢西門來叫船打點一直到浙江去叫遍了總沒有一隻杭州船只得叫船先到蘇州到了蘇州鳳四老爹打發清了船錢纔換了杭州船這隻船比南京叫的却大着

一半鳳四老爹道我們也用不着這大船只包他兩個艙罷隨即付埠頭一兩八錢銀子包了他一個中艙一個前艙五個人上了蘇州船守候了一日船家纔攬了一個收絲的客人搭在前艙這客人約有二十多歲生的也還清秀却只得一担行李倒着寔沉重到晚船家解了纜放離了馬頭用篙子撑了五里多路一個小小的村落旁住了那梢公對夥計說你帶好纜放下二錨照顧好了客人我家去一頭那台州差

人笑着說道你是討順風去了那梢公也就嘻嘻的笑着去了萬中書同鳳四老爹上岸閒步了幾步望見那晚烟漸散水光里月色漸明徘徊了一會復身上船來安歇只見下水頭支支查查又摇了一隻小船來貼着泊這時船上水手倒也閒鋪去睡了三個差人點起燈來打骨牌只有萬中書鳳四老爹同那個絲客人在船裏推了窓子憑船玩月那小船靠攏了來前頭撑篙的是一個四十多歲的瘦漢後面火艙裏

是一個十八九歲的婦人在裏邊拏舭一眼看見船這邊三個男人看月就掩身下艙裏去了隔了一會鳳四老爹同萬中書也都睡了只有這絲客人睡得遲些次日日頭未出的時候稍公背了一個箭袋上了船急急的開了走了三十里方纔喫早飯早飯喫過了將下午鳳四老爹閒坐在船裏對萬中書說道我看先生此番雖然未必大塲筋骨但是都院的官司也彀拖纏哩依我的意思審你的時節不管問你甚

情節你只說家中住的一個遊客鳳鳴岐做的等他來拿了我去就有道理了正說着只見那緜客人眼兒紅紅的在前艙裏哭鳳四老爹同衆人忙問道客人怎的了那客人只不則聲鳳四老爹猛然大悟指着緜客人道是了你這客人想是少年不老成如今上了當了那客人不覺又羞的哭了起來鳳四老爹細細問了一遍纔曉得昨晚都睡靜了這客人還倚着船窻顧盼那船上婦人這婦人見那兩個客人去了纔

立出艙來望着絲客人笑船本靠得緊雖是隔船離身甚近絲客人輕輕捏了他一下那婦人便笑嘻嘻從窗子裏爬了過來就做了巫山一夕這絲客人睡着了他就把行李內四封銀子二百兩儘行携了去了早上開船這客人情思還昏昏的到了此刻看見被囊開了纔曉得被人偷了去真是啞子夢見媽說不出來的苦鳳四老爹沉吟了一刻叫過船家來問道昨日那隻小船你們可還認得水手道認却認得這話

打不得官司告不得狀有甚方法鳳四老爹道認得就好了他昨日得了錢我們走這頭他必定去那頭你們替我把桅眼了架上櫓趕着搖回去望見他的船遠遠的就泊了弄得回來再酬你們的勞船家依言搖了回去搖到黃昏時候纔到了昨日泊的地方却不見那隻小船鳳四老爹道還搖了回去約畧又搖了二里多路只見一株老椰樹下繫着那隻小船遠望着却不見人鳳四老爹叫還泊近些也泊在一株枯

椰樹下鳳四老爹叫船家都睡了不許則聲自已上岸閒步步到這隻小船面前果然是昨日那船那婦人同着瘦漢子在中艙裏說話哩鳳四老爹徘徊了一會慢慢回船只見這小船不多時也移到這邊來泊泊了一會那瘦漢不見了這夜月色比昨日更明照見那婦人在船裏邊掠了鬢髮穿了一件白布長衫在外面下身換了一條黑紬裙子獨自一個在船窻裏坐着賞月鳳四老爹低低問道夜靜了你這小妮子

船上沒有人你也不怕麼那婦人答應道你嘗
我怎的我們一個人在船上是過慣了的怕甚
的說着就把眼睛斜覷了兩覷鳳四老爹一腳
跨過船來便抱那婦人那婦人假意推來推去
却不則聲鳳四老爹把他一把抱起來放在右
腿膝上那婦人也就不動倒在鳳四老爹懷裏
了鳳四老爹道你船上沒有人今夜陪我宿一
宵也是前世有緣那婦人道我們在船上住家
是從來不混賬的今晚沒有人遇着你這個冤

家叫我也沒有法了只在這邊我不到你船上
去鳳四老爹道我行李內有東西我不放心在
你這邊說着便將那婦人輕輕一提提了過來
這時船上人都睡了只是中艙裏點着一盞燈
鋪着一副行李鳳四老爹把婦人放在被上那
婦人就連忙脫了衣裳鑽在被裏那婦人不見
鳳四老爹解衣耳朶裏却聽得軋軋的櫓聲那
婦人要擡起頭來看却被鳳四老爹一腿壓住
死也不得動只得細細的聽是船在水裏走理

那婦人急了忙問道這船怎麽走動了鳳四老爹道他行他的船你睡你的覺倒不快活那婦人越發急了道你放我回去罷鳳四老爹道獃妮子你是騙錢我是騙人一樣的騙怎的就慌那婦人纔曉得是上了當了只得哀告道你放了我任憑甚東西我都還你就是了鳳四老爹道放你去却不能拏了東西求纔能放你去我却不難爲你說着那婦人起來連褲子也沒有了萬中書同絲客人從艙裏鑽出來看了恐不

住的好笑鳳四老爹問明他家住址同他漢子的姓名叫船家在沒人烟的地方住了到了次日天明叫絲客人拏一個包袱包了那婦人通身上下的衣裳走回十多里路我着他的漢子原來他漢子見船也不見老婆也不見正在梱底下着急哩那絲客人有些認得上前說了幾句拍着他肩頭道你如今陪了夫人又折兵還是造化哩他漢子不敢答應客人把包袱打開拏出他老婆的衣裳褲子褶褲鞋來他漢子纔

慌了跪下去只是磕頭客人道我不拿你快把昨日四封銀子拿了來還你老婆那漢子慌忙上了船在稍上一個夾剪艙底下拏出一個大口袋來說道銀子一釐也沒有動只求開恩還我女人罷客人背着銀子那漢子拏着他老婆的衣裳一直跟了走來又不敢上船聽見他老婆在船上叫纔硬着胆子走上去只見他老婆在中艙裏圍在被裏哩他漢子走上前把衣裳遞與他衆人看着那婦人穿了衣服起來又磕

了兩個頭同烏龜滿面羞愧下船去了絲客人拿了一封銀子五十兩來謝鳳四老爹鳳四老爹沉吟了一刻竟收了隨分做三分拏着對三個差人道你們這件事原是個苦差如今與你們算差錢罷差人謝了閒話体提不日到了杭州又換船直到台州五個人一齊進了城府差道鳳四老爹家門口恐怕有風聲官府知道了小人喫不起鳳四老爹道我有道理從城外𠮷了四乘小轎放下簾子𠮷三個差人同萬中書

坐着自已倒在後面走一齊到了萬家來進大門是兩號門面房子二進是兩收三進的小廳萬中書纔入內去就聽見裏面有哭聲一刻又不哭了頃刻內裏備了飯出來吃了飯鳳四老爹道你們此刻不要去點燈後把承行的叫了來我就有道理差人依着點燈的時候悄悄的去會台州府承行的趙勤趙勤聽見南京鳳四老爹同了來喫了一驚說道那是個仗義的豪傑萬相公怎的相與他的這個就造化了當下

即同差人到萬家來會着彼此竟像老相與一般鳳四老爹道趙師夫只一樁託你先着太爺錄過供供出來的人你便拖了解趙書辦應允了次日萬中書乘小轎子到了府前城隍廟裏面照舊穿了七品公服戴了紗帽着了靴只是頸子裏却繫了鍊子府差繳了牌票祁太爺即時坐堂解差趙昇執着批將萬中書解上堂去祁太爺看見紗帽圓領先吃一驚又看了批文有遵例保舉中書字樣又喫了一驚擡頭看那

萬里却直立着未曾跪下因問道你的中書是甚時得的萬中書道是本年正月內祁太爺道何以不見知照萬中書道由閣咨部由部咨本省巡撫也須時日想目下也該到了祁太爺道你這中書早晚也是要革的了萬中書道中書自去年進京今年回到南京並無犯法的事請問太公祖隔省差拏其中端的是何緣故祁太爺道那苗鎮臺疏失了海防被撫臺条拏了衙門內搜出你的詩箋上面一派阿腴的話頭是

你教他買囑了做的現有賍款你還不知麽萬中書道這就是寃枉之極了中書在家的時節並未曾過苗鎮臺一面如何有詩送他祁太爺道本府親自看過長篇累牘後面還有你的名姓圖書現今撫院大人巡海蹔駐本府等着要題結這一案你還能賴麽萬中書道中書雖然忝列宮墻詩却是不會做的至于名號的圖書中書從來也沒有只有家中住的一個客上年刻了大大小小幾方送中書中書就放在書房

裏未曾收進去就是做詩也是他會做恐其是他假名的也未可知還求太公祖詳察祁太爺道這人叫甚麼如今在那里萬中書道他姓鳳叫做鳳鳴岐現住在中書家裏哩祁太爺立即拈了一枝火籤差原差立拿鳳鳴岐當堂回話差人去了一會把鳳四老爹拿來祁太爺坐在三堂上原差上去回了說鳳鳴岐已經拿到祁太爺叫他上堂問道你便是鳳鳴岐麼一向與萬總兵有相與麼鳳四老爹道我並認不得他

祁太爺道那萬里做了送他的詩今萬里到案招出是你做的連姓名圖書也是你刻的你為甚麽做這些犯法的事鳳四老爹道不但我生平不會做詩就是做詩送人也算不得一件犯法的事祁太爺道這廝強辯叫取過大刑來那堂上堂下的皂隸大家吆喝一聲把夾棍向堂口一樌兩個人扳翻了鳳四老爹把他兩隻腿套在夾棍裏祁太爺道替我用力的夾那扯繩的皂隸用力把繩一收只聽格喳的一聲那夾

棍迸爲六段祁太爺道道斷莫不是有邪術隨
吽換了新夾棍硃標一條封條用了印貼在夾
棍上從新再夾那知道繩子尚未及扯又是一
聲響那夾棍又斷了一連換了三付夾棍足足
的迸做十八截散了一地鳳四老爹只是笑並
無一句口供祁太爺毛了只得退了堂將犯人
寄監親自坐轎上公館轅門面禀了撫軍那撫
軍聽了備細知道鳳鳴岐是有名的壯士其中
必有緣故況且苗總兵已死於獄中抑且萬里

保舉中書的知照已到院此事也不關緊要因而吩咐祁知府從寬辦結竟將萬里鳳鳴岐都釋放撫院也就回杭州去了這一塲焰騰騰的官事却被鳳四老爹一瓢冷水潑息萬中書開發了原差人等官司完了同鳳四老爹回到家中念不絕口的說道老爹眞是我的重生父母再長爹娘我將何以報你鳳四老爹大笑道我與先生既非舊交向日又不曾受過你的恩惠這不過是我一時偶然高興你若認眞感激起

我來那倒是個鄙夫之見了我今要往杭州去尋一個朋友就在明日便行萬中書再行挽留不住只得憑着鳳四老爹要走就走次日鳳四老爹果然别了萬中書不曾受他杯水之謝取路往杭州去了只因這一番有分教拔山扛鼎之義士再顯神通深謀詭計之奸徒急償夙債

不知鳳四老爹來尋甚麽人且聽下回分解

前半寫小船上少年婦人騙人旖旎風光幾

令佻達兒郎墮其術中而不悔若非鳳四老

爹二百兩頭真擲之水中矣

寫鳳四老爹無往而非高興替絲客人取回

二百金猶之後文替陳正公取回千金也世

上亦復有此等熱心腸人但不多見耳

萬中書念不絕口的要謝鳳四老爹則其徒

託空言而非寔心圖報可知然鳳四老爹之

爲人視銀錢如土苴即寔心圖報被亦棄而

弗顧所以特特㕛破我非有愛於君而爲之

不過高興耳寫壯士身分真在百尺樓上

試官刑一段使擱筆爲之必曰有何如之力量有何如之本領加上許多注脚而精神反不現矣要知上文已經提凊干把斤石頭打在頭上毫然不動則此事固閱者意中事也有此一段爲下一卷之襯托姑覺精神百倍

儒林外史第五十二回

比武藝公子傷身　毀廳堂英雄討債

話說鳳四老爹別過萬中書竟自取路到杭州他有一個朋友叫做陳正公向日曾欠他幾十兩銀子心裡想道我何不找着他向他要了做盤纏回去陳正公住在錢唐門外他到錢唐門外來尋他走了不多路看見蘇隄上柳陰樹下一叢人圍着兩個人在那里盤馬那馬上的人遠遠望見鳳四老爹高聲叫道鳳四哥你從那

里來的鳳四老爹近前一看那人跳下馬來拉着手鳳四老爹道原來是秦二老爺你是幾時來的在這裡做甚麼秦二侉子道你就去了這些時那老萬的事與你甚相干喫了自己的清水白米飯管別人的閒事這不是發了獃你而今來的好的狠我正在這里同胡八哥想你鳳四老爹便問此位尊姓秦二侉子代荅道這是此地胡尚書第八個公子胡八哥為人極有趣同我最相好胡老八知道是鳳四老爹說了些

彼此久慕的話秦二侉子道而今鳳四哥來了我們不盤馬了回到下處去喫一杯罷鳳四老爹道我還要去尋一個朋友胡八亂子道貴友明日再罷今日難得相會且到秦二哥寓處頑頑不由分說把鳳四老爹拉着叫家人匀出一匹馬請鳳四老爹騎着到伍相國祠門口下了馬一同進來秦二侉子就寓在後面樓下鳳四老爹進來施禮坐下秦二侉子吩咐家人快些辦酒來同飯一齊喫因向胡八亂子道難得我

們鳳四哥來便宜你明日看好武藝我改日少不得同鳳四哥來奉拜是要重重的叨擾哩胡八亂子道這個自然鳳四老爹看了壁上一幅字指着向二位道這洪憨仙兄也和我相與他初時也愛學幾樁武藝後來不知怎的好弄元虛勾人燒丹煉汞不知此人而今在不在了胡八亂子道說起來竟是一塲笑話三家兄幾乎上了此人一個當那年勾着處州的馬純上纔懇家兄煉丹銀子都已經封好還虧家兄的運

氣高他忽然然生起病來病到幾日上就死了不然白白被他騙了去鳳四老爹道二令兄可是諱縝的麼胡八亂子道正是家兄爲人與小弟的性格不同慣喜相與一班不三不四的人做謅詩自稱爲名士其寔好酒好肉也不曾喫過一斤倒整千整百的被人騙了去眼也不眨音閘一眨小弟生性喜歡養幾匹馬他就嫌好道惡說作蹋了他的院子我而今受不得把老房子並與他自已搬出來任和他離門離戶了泰二

倯子道胡八哥的新居乾淨的狠哩鳳四哥我同你攙他去瞧你就知道了說着家人擺上酒來三個人傳盃換琖喫到半酣秦二倯子道鳳四哥你剛才說要去尋朋友是尋那一個鳳四老爹道我有個朋友陳正公是這里人他該我幾兩銀子我要向他取討胡八亂子道可是一向住在竹竿巷而今搬到錢唐門外的鳳四老爹道正是胡八亂子道他而今不在家同了一個毛鬍子到南京賣絲去了毛二鬍子也是二三

家兄的舊門客鳳四哥你不消去尋他我叫家裡人替你送一個信去叫他回來將來會你就是了當下喫過了飯各自散了胡老八告辭先去秦二侉子就留鳳四老爹在寓同住次日拉了鳳四老爹同去看胡老八胡老八也回候了又打發家人來說道明日請秦二老爺同鳳四老爹早些過去便飯老爺說相好間不具帖子到第二日喫了早點心秦二侉子便叫家人備了兩匹馬同鳳四老爹騎着家人跟隨來到胡

家主人接着在廳上坐下秦二侉子道我們何
不到書房裡坐主人道且請用了茶喫過了茶
主人邀二位從走巷一直往後邊去只見滿地
的馬糞到了書房二位進去看見有幾位客都
是胡老八平日相與的些馳馬試劍的朋友今
日特來請教鳳四老爹的武藝彼此作揖坐下
胡老八道這幾位朋友都是我的相好今日聽
見鳳四哥到特爲要求教的鳳四老爹道不敢
不敢又喫了一杯茶大家起身閑步一步看那

樓房三間也不甚大旁邊遊廊廊上擺着許多的鞍架子壁間靠着箭壺一個月洞門過去却是一個大院子一個馬掤胡老八向秦二侉子道秦二哥我前日新買了一匹馬身材倒也還好你估一估值個甚麼價隨叫馬夫將那棗騮馬牽過來這些客一擁上前來看那馬十分跳躍不隄防一個厥子把一位少年客的腿踢了一下那少年便痛得了不得矬了身子墩下去胡八亂子看了大怒走上前一腳就把那隻馬

腿踢斷了衆人喫了一驚秦二侉子道好本事便道好些時不見你你的武藝越發學的精強了當下先送了那位客回去這裡擺酒上席依次坐了賓主七八個人猜拳行令大盤大碗喫了個盡興席完起身秦二侉子道鳳四哥你隨便使一兩件武藝給衆位老哥們看看衆人一齊道我等求教鳳四老爹道原要獻醜只是頑那一件因指着天井內花臺子道把這方磚搬幾塊到這邊來秦二侉子叫家人搬了八塊放

在堦沿上衆人看鳳四老爹把右手袖子捲一捲那八塊方磚齊齊整整疊作一垜在堦沿上有四尺來高那鳳四老爹把手朝上一掯只見那八塊方磚碎成十幾塊一直到底衆人在旁一齊讚嘆秦二侉子道我們鳳四哥練就了這一个手段他那經上說握拳能碎虎腦側掌能斷牛首這個還不算出奇哩胡八哥你過來你方才踢馬的腿勁也算是頭等了你敢在鳳四哥的腎囊上踢一下我就服你是真名公衆人

都笑說這個如何使得鳳四老爺道八先生你果然要試一試這倒不妨若是踢傷了只怪秦二老官與你不相干眾人一齊道鳳四老爹既說不妨他必然有道理一個個都慫慂胡八亂子踢那胡八亂子想了一想看看鳳四老爹又不是個金剛巨無霸怕他怎的便說道鳳四哥果然如此我就得罪了鳳四老爹把前襟提起露出袴子來他便使盡平生力氣飛起右脚向他襠裡一脚踢去那知這一脚並不像踢到肉

上好像踢到一塊生鐵上把五個脚指頭幾乎碰斷那一痛直痛到心裡去頃刻之間那一隻腿提也提不起了鳳四老爹上前道得罪得罪衆人看了又好驚又好笑鬧了一會道謝告辭主人一瘸一簸把客送了回來那一隻靴再也脫不下來足足腫疼了七八日鳳四老爹在秦二儔子的下處逐日打拳跑馬倒也不寂寞一日正在那里試拳法外邊走進一個二十多歲的人瘦小身材來問南京鳳四老爹可在這里

鳳四老爹出來會着認得是陳正公的姪兒陳蝦子問其來意陳蝦子道前日胡府上有人送信說四老爹你來了家叔却在南京賣絲去了我今要往南京去接他你老人家有甚話我替你帶信去鳳四老爹道我要會令叔也無甚話說他向日挪我的五十兩銀子得便叫他算還給我我在此還有些時耽擱竟等他回來罷了費心拜上令叔我也不寫信了陳蝦子應諾回到家取了行李搭船便到南京找到江寧縣前

傳家絲行裡尋着了陳正公那陳正公正同毛
二鬍子在一卓子上喫飯見了姪子叫他一同
喫飯問了些家務陳蝦子把鳳四老爹要銀子
的話都說了安頓行李在樓上住且說這毛二
鬍子先年在杭城開了個絨線鋪原有兩千銀
子的本錢後來鑽到胡三公子家做篾片又賺
了他兩千銀子搬到嘉興府開了個小當鋪此
人有個毛病嗇細非常一文如命近來又同陳
正公合火販絲陳正公也是一文如命的人因

此志同道合南京絲行裡供給絲客人飲食最爲豐盛毛二鬍子向陳正公道這行主人供給我們頓頓有肉這不是行主人的肉就是我們自己的肉左右他要算了錢去我們不如只喫他的素飯葷菜我們自己買了喫豈不便宜陳正公道正該如此到喫飯的時候叫陳蝦子到熟切擔子上買十四個錢的薰腸子三個人同喫那陳蝦子到口不到肚熬的清水滴滴一日毛二鬍子向陳正公道我昨日聽得一個朋友

說這里胭脂巷有一位中書秦老爹要上北京
補官攢湊盤程一時不得應手情願七扣的短
票借一千兩銀子我想這是極穩的主子又三
個月內必還還老哥買絲餘下的那一項湊起來
還有二百多兩何不秤出二百一十兩借給他
三個月就拿回三百兩這不比做絲的利錢還
大些老哥如不見信我另外寫一張包管給你
他那中間人我都熟識絲毫不得走作的陳正
公依言借了出去到三個月上毛二鬍子替他

把這一筆銀子討回銀色又足平子又好陳正公滿心歡喜又一日毛二鬍子向陳正公道我昨日會見一個朋友是個賣人參的客人他說國公府裡徐九老爺有個表兄陳四老爺拿了他斤把人參而今他要回蘇州去陳四老爺一時銀子不湊手就托他情願對扣借一百銀子還他限兩個月拿二百銀子取回紙筆也是一宗極穩的道路陳正公又拿出一百銀子交與毛二鬍子借出去兩個月討回足足二百兩兌

一兌還餘了三錢把個陳正公歡喜的要不得那陳蝦子被毛二鬍子一味朝死裡算計的他酒也沒得喫肉也沒得喫恨如頭醋稱空向陳正公說道阿叔在這里賣絲爽利該把銀子交與行主人做絲揀頭水好絲買了就當在典舖裡當出銀子又趕着買絲買了又當着當舖的利錢微薄像這樣套了去一千兩本錢可以做得二三千兩的生意難道倒不好爲甚麽信毛二老爺的話放起債來放債倒底是個不穩妥的

事像這樣掛起來幾時纔得回去陳正公道不妨再過幾日收拾收拾也就可以回去了那一日毛二鬍子接到家信看完了咂嘴弄唇只管獨自坐着躊躇陳正公道問府上有何事為甚出神毛二鬍子道不相干這事不好向你說的陳正公再三要問毛二鬍子道小兒寄信來說我東頭街上談家當舖折了本要倒與人現在有半樓貨值得一千六百兩他而今事急了只要一千兩就出脫了我想我的小典裡若把他

這貨倒過來倒是宗好生意可惜而今運不動
掣不出本錢來陳正公道你何不同人合火倒
了過來毛二鬍子道我也想來若是同人合火
領了人的本錢他只要一分八釐行息我還有
幾釐的利錢他若是要二分開外我就是羊肉
不曾喫空惹一身羶倒不如不幹這把刀兒了
陳正公道獃子你爲甚不和我商量我家裡還
有幾兩銀子借給你跳起來就是了還怕你騙
了我的毛二鬍子道罷罷老哥生意事拿不穩

說或將來戲折了不彀還你那時叫我拿甚麼
臉來見你陳正公見他如此至誠一心一意要
把銀子借與他說道老哥我和你從長商議我
這銀子你拿去倒了他家貨來我也不要你的
大利錢你只每月給我一個二分行息多的利
錢都是你的將來陸續還我縱然有些長短我
和你相好難道還怪你不成毛二鬍子道既承
老哥美意只是這裡邊也要有一個人做個中
見寫一張切切實實的借券交與你執着纔有

個滬據你纔放心那有我兩個人私相授受的
呢陳正公道我知道老哥不是那樣人並無甚
不放心處不但中人不必連紙筆也不要總以
信行爲主罷了當下陳正公瞞着陳蝦子把行
笥中餘賸下以及討回來的銀子湊了一千兩
封的好好的交與毛二鬍子道我已經帶來的
絲等行主人代賣這銀子本打算回湖州再買
一回絲而今且交與老哥先回去做那件事我
在此再等數日也就回去了毛二鬍子謝了收

起銀子次日上船回嘉興去了又過了幾天陳
正公把賣絲的銀收齊全了辭了行主人帶着
陳蝦子搭船回家順便到嘉興上岸看看毛鬍
子那毛鬍子的小當鋪開在西街上一路問了
去只見小小門面三間一層看墻進了看墻門
院子上面三間廳房安着櫃臺幾個朝奉在裡
面做生意陳正公問道這可是毛二爺的當鋪
櫃裡朝奉道尊駕貴姓陳正公道我叫做陳正
公纔南京來要會會毛二爺朝奉道且請裡面

坐後一層便是堆貨的樓陳正公進來坐在樓底下小朝奉送上一杯茶來喫着問道毛二哥在家麼朝奉道這鋪子原是毛二爺起頭開的而今已經倒與汪徽東了陳正公喫了一驚道他前日可曾來朝奉道這也不是他的店了他還來做甚麼陳正公道他而今那里去了朝奉道他的脚步散散的知他是到南京去北京去了陳正公聽了這些話驢頭不對馬嘴急了一身的臭汗同陳蝦子回到船上趕到了家次日

清早有人來敲門開門一看是鳳四老爹邀進
客座說了些久違想念的話因說道承假一項
久應奉還無奈近日又被一個人負騙竟無法
可施鳳四老爹問其緣故陳正公細細說了一
遍鳳四老爹道這個不妨我有道理明日我同
秦二老爺回南京你先在嘉興等着我我包你
討回一文也不少何如陳正公道若果如此重
重奉謝老爺鳳四老爹道要謝的話不必再提
別過回到下處把這些話告訴秦二侉子二侉

子道四老爹的生意又上門了這是你最喜做的事一面叫家人打發房錢收拾行李到斷何頭上了船將到嘉興秦二侉子道我也跟你去瞧瞧熱鬧同鳳四老爹上岸一直找到毛家當舖只見陳正公正在他店裡吵里鳳四老爹兩步做一步闖進他看墻門高聲嚷道姓毛的在家不在家陳家的銀子到底還不還那櫃臺裡朝奉正待出來荅話只見他兩手扳着看墻門把身子往後一掙那垛看墻就拉拉雜雜卸下半

堵秦二侉子正要進來看幾乎把頭打了那些朝俸和取當的看了都目瞪口呆鳳四老爹轉身走上廳來背靠着他櫃臺外柱子大叫道你們要命的快些走出去說着把兩手背剪着把身子一扭那條柱子就離地歪在半邊那一架廳簷就塌了半個磚頭瓦片紛紛的打下來灰土飛在半天裡還虧朝俸們跑的快不曾傷了性命那時街上人聽見裡面倒的房子響門口看的人都擠滿了毛二鬍子見不是事只得從

裡面走出來鳳四老爹一頭的灰越發精神抖
抖走進樓底下靠着他的庭柱衆人一齊上前
軟求毛二鬍子自認不是情願把這一筆賬本
利淸還只求鳳四老爹不要動手鳳四老爹大
笑道諒你有多大的個巢窩不毅我一頓飯時
都折成平他這時秦二侉子同陳正公都到樓
下坐着秦二侉子說道這件事原是毛兄的不
是你以爲沒有中人借券打不起官司告不起
狀就可以白騙他的可知道不怕該債的精窮

只怕討債的英雄你而今遇着鳳四哥還怕賴
到那里去那毛二鬍子無計可施只得將本和
利一平兌還纔完了這件橫事陳正公得了銀
子送秦二侉子鳳四老爹二位上船彼此洗了
臉拿出兩封一百兩銀子謝鳳四老爹鳳四老
爹笑道這不過是我一時高興那里要你謝我
留下五十兩以清前賬這五十兩你還拿回去
陳正公謝了又謝拿着銀子辭別二位另上小
船去了鳳四老爹同秦二侉子說說笑笑不日

到了南京各自回家過了兩天鳳四老爹到胭脂巷候秦中書他們上人回道老爺近來同一位太平府的陳四老爺鎮日在來賓樓張家鬧總也不回家後來鳳四老爹會着勸他不要做這些事又恰好京裡有人寄信來說他補缺將近秦中書也就收拾行裝進京那來賓樓只賸得一個陳四老爹只因這一番有分教國公府内同飛玩雪之觴來賓樓中忽訝深宵之夢畢竟怎樣一個來賓樓且聽下回分解

上文留下一個秦二侉子爲此地之用眞爐錘在手花樣生新

胡八亂子與秦二侉子是一類人其意中不滿足乃兄處寫來活像

拍方磚踢腎囊一段活畫出惡少子弟好勇鬬狠的氣象妙筆妙筆

毛二鬍子老謀深算不過要他打不起官司告不起狀耳却被秦二侉子一語叫破然鳳四老爹折毀了他的廳房亦是打不起官司

告不起狀之一事可見我以何術制人人能以何術制我機巧詐僞安所用之此書有功於人世處不少也

看二鬍子爲陳正公生利兩事能倒攝下文在此處眞不肯浪費筆墨